네가 나를 사랑하느냐

유기성 지음

규장

| 프롤로그 |

내가 주님을 바라보는 것,
내가 주님을 사랑하는 것

저는 지난 2012년 3월 21일부터 23일까지 장로회신학대학교 신학대학원 신앙 사경회에서 일곱 번의 말씀을 전했습니다. 사경회의 강사 요청을 받았을 때 잠시 망설임이 있었지만 사경회가 갖는 중요성을 생각할 때 제가 허락하고 말고 할 문제가 아님을 알았습니다.

나는 부족하기 짝이 없는 목사이지만 주님께서 저를 통해 무엇인가 전하고자 하시는 메시지가 있음을 깨닫고 기도하던 중에 마음에 선명하게 깨달아지는 것이 있었습니다. 그것이 이 책의 내용입니다.

예수님으로 사는 것!

최근 몇 년간 제 마음을 사로잡고 있는 중요한 영적 도전이 있었습니다. 2008년에 《나는 죽고 예수로 사는 사람》이라는 책을 출판하였습니다. 처음 예상과 달리 많은 분들이 그 책을 보았고 저는 유명한 사람이 되었습니다. 그렇지만 책 출판 이후 저의 마음에 눌림이 있었습니다. 책 표지를 보면 사람들이 오해할 것 같다는 느낌 때문이었습니다.

모든 그리스도인이 '나는 죽고 예수로 사는' 것을 말하려 했던 제 의도와 달리 책 제목 때문이기는 하겠으나 '나는 죽고 예수로 사는 사람' 유기성, '십자가의 능력으로 사는 그리스도인', 유기성이라고 마치 나 자신을 광고하는 것 같았기 때문입니다.

그러다가 2008년 10월, 병원에 한 달간이나 입원하게 되어 모든 외부 집회는 물론 주일 설교도 하지 못하는 일이 생겼습니다. 저는 그 병상에서 제 인생에 있어서 또 한 번 주님의 깊은 다루심을 체험했습니다. 그것은 제가 전하는 말씀과 실제로 사는 저의 삶 사이에 틈이 생기는 것을 작게 여겨서는 안 된다는 것이었습니다.

이 일이 있고 제 마음에 다시 심각한 고민이 생겼습니다. "어떻게 설교한 대로 살 수 있느냐?" 하는 것입니다. 저는 '나는 죽고 예수로 사는 복음'을 깨달으면 끝인 줄 알았습니다. 그러나 여전히 깨달아야 할 것들이 남아 있었습니다.

"어떻게 설교자가 전하는 말씀 그대로 살 수 있는가?"

답은 "예수를 바라보라!"는 것이었습니다. 예수님을 바라보게 되면 말씀대로 사는 것이 무엇이 어렵겠습니까? 나는 죽고 예수로 사는 '십자가 복음'의 핵심이 "예수님과 함께 죽었다"는 데 있는 것이 아니라 "예수님으로 산다"는 데 있음을 깨달은 것입니다.

내 안에 오신 예수 그리스도를 바라보는 것

최근에 충남 천안의 유관순체육관에서 열린 한 집회에 강사로 선 적이 있었습니다. 많은 성도들이 체육관을 가득 메웠고, 열기가 너무나 뜨거웠습니다. 높이 설치한 강단 위에 마련된 강사석에 앉아보니 숨이 탁 막히는 것 같았습니다. 조명으로 인한 열기, 곳곳에 설치된 방송 카메라, 체육관을 가득 메운 수많은 사람들의 시선이 너무나 부담스러웠습니다. 물 한 모금 마시는 것도 땀을 닦는 동작 하나하나까지 많은 사람들이 저를 지켜보고 있었습니다.

그때 갑자기 말씀이 생각났습니다.

이러므로 우리에게 구름같이 둘러싼 허다한 증인들이 있으니
히 12:1

저는 제가 지금껏 이 말씀을 진정으로 체험하지 못하고 있었다는 것을 알았습니다.
'내가 사실은 이런 가운데 사는 것이구나!'
체육관 안에 모인 사람들과 비교할 수 없이 많은 증인들이 바라보는 가운데 내가 말하고 행동하고 살고 있었던 것을 알았습니다. 이 점을 명심하고 사는 자가 예수님을 믿고 사는 사람이었습니다. 이 사실을 아는데 어떻게 은밀한 죄를 짓고 살 수 있겠습니까?

모든 무거운 것과 얽매이기 쉬운 죄를 벗어 버리고 인내로써 우리 앞에 당한 경주를 하며 히 12:1

당연한 말씀이었습니다. 그러나 그 순간, 그 많은 증인들보다

저를 더 사로잡는 눈이 있음을 깨달았습니다. 그것은 '내 안에 계신 예수 그리스도'였습니다.

믿음의 주(主)요 또 온전하게 하시는 이인 예수를 바라보자
히 12:2

허다한 증인들보다 더 중요한 분이 나와 함께 계셨습니다. 증인들이 아무리 많아도 그들은 나의 외적인 행동만 지켜볼 뿐입니다. 그러나 예수 그리스도께서는 내 안에 오셔서 나의 마음과 생각을 다 지켜보십니다. 예수님을 믿는 것은 바로 이것이었습니다! 내 안에 오신 예수님을 바라보는 것입니다. 이 눈이 열린 사람이라면 삶이 바뀌지 않을 수 없는 것입니다.

예수님과의 일상의 동행을 꿈꾸며

저는 요즘 '24시간 예수님을 바라보는' 일에 집중하고 있습니다. 그만큼 제가 주님과 동행하는 삶의 훈련이 되지 못했다는 뜻입니다. 그래서 주님과 함께 24시간 365일 동행하기 위해 영성일

기를 쓰기 시작했습니다. 그리고 교인들에게도 영성일기 쓰기를 권했는데, 저를 비롯해서 교인들과 교회에 참으로 놀라운 일들이 일어나고 있습니다.

그러던 중에 장로회신학대학교 신학대학원 사경회에서 설교하게 된 것입니다. 저는 이 사경회에서도 최근 24시간 예수님을 바라보며 받은 은혜들을 나누었습니다. 많은 교수님들과 신대원생인 전도사님들이 은혜를 받았다고 말씀해주셨습니다.

사경회가 끝나고 나오는데 한 전도사님이 저에게 편지를 건네주었습니다.

"2박3일 동안 귀한 주님의 말씀을 들려주셔서 참 감사합니다. 처음에는 왜 세련되고 신학적인 용어를 쓰지 않으시는지 조금 의아했습니다. 신대원 사경회이기에 일반 설교와는 다른, 무언가 수준 높은 것을 기대하고 있었나봅니다.

그런데 조금씩 평범하고 별로 힘주어 말씀하지 않는 목사님의 베이직한 설교가 제게 깊숙이 들어왔습니다. 지금도 살아 계신 예수님과의 실제적이고도 인격적인 교제가 얼마나 중요한지 이

번 사경회를 통해 깊이 깨달았습니다. 한 번의 일회적인 뜨거움이 아니라 일상 속에서 그렇게 사는 눈이 뜨였기에 감사드리고 싶었습니다!"

이것이야말로 정확히 설교를 준비할 때 주님이 제게 주신 마음이었기에, 저는 돌아오는 차 안에서 이번 사경회 때 주님이 친히 말씀하셨음을 확인할 수 있었습니다.

사경회 때 한 설교를 책으로 출판해달라는 요청이 많았지만 설교를 그대로 책으로 낸다는 것이 조심스러웠습니다. 그러나 주님이 제게 은혜를 주신 것은 할 수 있는 대로 많은 이들과 나누라 하신 것이기에 책으로 내기로 결심했습니다. 그렇지만 이 설교에 주님이 저를 인도하시면서 부어주신 놀라운 은혜들을 다 담을 수는 없었습니다. 그것들은 다음 책에 담아보고자 합니다.

이 책은 사경회 때 했던 설교를 풀어서 엮은 것으로 이 책을 읽는 독자 여러분에게도 설교 당시 현장에서 경험된 성령의 역사가 전달되는 은혜가 있기를 원합니다. 다듬어지지 않은 표현이나

《나는 죽고 예수로 사는 사람》에 실린 내용과 중복되는 부분이 있음을 양해해주시기 바랍니다.

   이 책의 출판을 위해 전심으로 섬겨준 규장의 여진구 대표와 편집팀에 감사드립니다.

유기성

프롤로그

PART 1
예수님과 하나됨

01 예수님을 마음에 영접하셨습니까? 16
: 요한계시록 3:20

02 예수님과 함께 죽었습니까? 38
: 갈라디아서 2:20

PART 2
예수님과 동행

03 예수님만 구하십니까? 78
: 누가복음 11:5-13

04 예수님 한 분이면 충분합니까? 98
: 요한복음 15:4-6

05 예수님을 24시간 바라보십니까? 132
: 히브리서 12:1,2

| 차례 |

PART 3
예수님과 사랑

06 예수님을 더 사랑하십니까? 172
: 요한복음 21:15-22

07 예수님의 사랑으로 사랑하십니까? 192
: 요한복음 13:34,35

PART 1
예수님과 하나됨

안타깝게도 우리 주님은 스스로 그리스도인이라고 말하는 수많은 사람들의 마음 문 바깥에 아직도 서 계십니다. 계속해서 우리의 마음을 두드리고 계십니다. 왜 그럴까요? 우리가 진짜로 예수님을 마음에 모셔 들이기 싫어하기 때문입니다.

볼지어다 내가 문 밖에 서서 두드리노니 누구든지 내 음성을 듣고 문을 열면 내가 그에게로 들어가 그와 더불어 먹고 그는 나와 더불어 먹으리라 **계 3:20**

CHAPTER 01
예수님을 마음에 영접하셨습니까?

우리에게 가장 중요한 분이 예수님이십니다. 예수님은 지금도 우리와 같이 계십니다. 이것은 엄청난 일입니다. 그런데 실제로 예수님이 우리와 함께하시는 이 엄청나고 놀라운 일을 우리가 거의 누리고 있지 못하다는 것을 아십니까?

예수님은 이렇게 말씀하셨습니다.

> 두세 사람이 내 이름으로 모인 곳에는 나도 그들 중에 있느니라
> 마 18:20

우리가 다 주(主)의 일을 한다고 하면서 하나님께 예배를 드리고, 심방하고, 특별 집회나 수련회에 참석할 때조차 예수님을 생

각하지 못하고 예수님이 우리의 우선적인 관심이 아닐 때가 있습니다. 범사에 하나님을 인정한다고 하고, 주님을 사랑한다고도 하고, 믿음도 있다고 하는 우리에게 예수님은 말씀하십니다. 지금도 우리가 예수님 한 분에게만 집중하기를 원하십니다. 그것이 주님의 마음입니다.

예수님을 진짜로 영접했다면…

우리가 다 예수님을 믿고 예수님을 우리 마음에 모셔 들였다면 우리에게는 놀라운 변화가 일어나야 당연합니다.

내 양은 내 음성을 들으며 요 10:27

주님은 분명히 내 양은 내 음성을 듣는다고 말씀하셨습니다. 그렇다면 당신은 주님의 음성을 들으십니까? 예수님이 나와 함께하시기 때문에 모든 두려움과 염려가 다 사라졌습니까? 예수님이 나와 함께하시기 때문에 이제 더 이상 은밀한 죄를 짓지 않습니까? 예수님이 나의 선한 목자가 되시니 이제는 부족한 것 없이 정말 행복하십니까? 당신이 도무지 이해할 수 없고 사랑할 수 없는 원수도 사랑하게 되었나요? 자아가 죽었습니까? 하나님의 나라를 믿으니 순교도 두렵지 않습니까?

이것이 예수님 안에서 이미 우리에게 허락된 놀라운 변화들입니다. 우리가 예수님만 믿어도 이렇게 되는 것입니다. 우리는 다 예수님의 종이 된 사람들입니다. 주님을 위해 자신의 삶을 전적으로 드리기를 원하는 사람들이기에 이렇게 되어야 마땅합니다.

그런데 실제로 이런 말을 들을 때마다 우리 마음에 두려움이 일어납니다. 전혀 "아멘"이 안 되는 그런 항목들이 있습니다. 그 이유가 무엇일까요? 그것이 어려워서인가요? 원수를 사랑하는 게 너무 어렵기 때문에, 자아가 죽는 게 너무 어려워서 그럴까요? 전혀 그렇지 않습니다. 예수님 그분을 모르기 때문입니다. 우리가 예수님을 모르니까 이렇게 되지 않는 것입니다. 우리가 스스로 노력한다고 되는 것이 아닙니다. 내가 예수님을 알게 되면, 내가 예수님을 정말 마음에 영접하면 '되어지는' 일입니다.

참을 수 없는 기쁨

하나님의 나라가 있다는 것을 다 믿으시죠? 다 믿으실 겁니다. 저 역시 하나님의 나라가 있다고 어릴 때부터 믿었습니다. 저는 아버지가 목사님이고, 할아버지도 목사님이십니다. 그러니까 저는 3대째 목사입니다. 어릴 때부터 듣고 또 들었던 것이 천국과 지옥에 대한 이야기입니다. 당연히 천국은 있을 거라고 생각했고 또 제가 나중에 천국에 갈 거라고 그렇게 믿었습니다. 저는 그거면 된 줄 알았습니다.

그런데 하나님께서 제가 얼마나 엉터리같이 믿고 있는지 마태복음 13장 44절 말씀으로 저에게 말씀하셨습니다.

천국은 마치 밭에 감추인 보화와 같으니 사람이 이를 발견한 후 숨겨 두고 기뻐하며 돌아가서 자기의 소유를 다 팔아 그 밭을 사느니라 마 13:44

이것은 밭에 숨겨진 보화를 발견한 사람에 대한 이야기입니다. 제가 이 말씀으로 설교 준비를 하고 있을 때였습니다. 주님이 갑자기 제 마음에 질문하셨습니다.

"너는 하나님의 나라가 있다고 믿고 그 천국을 소유했지? 그러면 너는 보화를 발견한 이 사람처럼 그렇게 기쁘냐?"

분명히 주님은 하나님의 나라를 발견한 사람의 비유로 말씀하셨습니다. 밭에 감추인 보화를 발견한 사람은 그것이 어찌나 기쁜지 자기 소유를 다 팔아서 그 땅을 샀습니다. 여기서 문제의 핵심은 기쁨입니다. 주님이 내게 그 기쁨이 있느냐고 물으시는데 저는 그때 그 기쁨이 있다고 말씀드릴 수 없었습니다.

분명히 나도 하나님의 나라가 있다고 믿고, 그 하나님의 나라를 소유했다고 믿는데, 내게 보화를 발견한 사람의 기쁨이 없다는 것은 내가 아직도 하나님의 나라를 잘 모르는 것이라고 말씀하셨습니다. 우리는 지식으로 아는 것을 믿음이라고 생각할 때가 있습니다. 하지만 들어서 아는 것은 실제로는 나의 것이 아닙니다. 우리는 이 사실을 다같이 진지하게 점검해보아야 합니다. 실제로 많은 사람들이 하나님의 나라를 누리지 못합니다.

당신은 예수를 알게 된 참을 수 없는 기쁨을 가지고 있습니까? 예수를 믿는 것 하나 때문에 갖게 되는 참을 수 없는 기쁨, 밭에 감추인 보화를 발견한 사람이 돌아가서 자기의 소유를 다 팔아 그 밭을 산 것과 같은 기쁨 말입니다.

우리가 사는 이 세상이 전부가 아니며 하나님의 나라가 있다는 것을 진정으로 알게 되면, 그렇다면 이제 더 이상 자신의 환경이나 형편이나 다른 아무것도 문제가 되지 않습니다. 그것을 뛰어넘는 참을 수 없는 기쁨이 존재하기 때문입니다.

예수 그리스도를 얻었는가?

말씀을 읽으면 모든 말씀이 다 은혜가 되는 것은 아닙니다. 특

특히 저에게는 이 말씀을 대할 때마다 어려운 말씀이 있습니다.

> 그러나 무엇이든지 내게 유익하던 것을 내가 그리스도를 위하여 다 해로 여길뿐더러 또한 모든 것을 해로 여김은 내 주 그리스도 예수를 아는 지식이 가장 고상하기 때문이라 내가 그를 위하여 모든 것을 잃어버리고 배설물로 여김은 그리스도를 얻고 그 안에서 발견되려 함이니 빌 3:7-9

사도 바울은 자기에게 유익하던 것을 다 배설물처럼 버렸다고 고백합니다. 배설물처럼 버리는 느낌을 잘 아시지요? 화장실에서 다 경험해보셨고, 매일 경험하시고, 오늘도 경험하신 분이 있을 것입니다. 그런데 배설물을 버릴 때 아까우십니까? 그런 분은 안 계시지요? 아무리 내 몸에서 나온 것이라지만 배설물은 정말 버리고 싶은 것입니다. 돌아보고 싶지도 않습니다.

그럼 어떻게 그럴 수 있을까요? 자기에게 유익하던 것, 그렇게 갖고 싶고 누리고 싶던 것들이 어떻게 하루아침에 배설물처럼 여겨질 수 있을까요? 눈물을 흘리며 억지로 버려도 대단한 돈, 명예, 편안한 삶, 모든 것을 잃고 그것을 배설물처럼 여기다니 그것이 어떻게 가능합니까?

이유는 하나입니다. 예수 그리스도 때문입니다. 사도 바울은 예수 그리스도 그분을 알았습니다. 스스로 그렇게 말하고 있습니다. 모든 것을 해(害)로 여김은 내 주 그리스도 예수를 아는 지식이 가장 고상하기 때문이며, 모든 것을 잃어버리고 배설물로 여김은 그리스도를 얻고 그 안에서 발견되려 함이라고 말입니다. 바울의 고백과 같이 예수님을 안다는 것은 정말 놀라운 일입니다. 하나님 나라의 비밀이 예수님 안에 있습니다. 제자도의 핵심이 바로 예수 그리스도와의 관계입니다.

플로이드 맥클랑이 《제자도의 본질》이라는 책을 썼습니다. 이 책은 제자도에 대해 내게 깊은 감동을 주었고 마음으로부터 "아멘" 하게 만든 책이었습니다. 플로이드 맥클랑은 제자도의 핵심이 세 가지 사랑에 있다고 말했습니다. 첫째는 예수님을 사랑하는 것입니다. 플로이드 맥클랑은 그것을 '예배'라고 보았습니다. 둘째는 예수님이 사랑하신 세상을 사랑하는 것입니다. 그는 그것을 '선교'라고 보았습니다. 셋째는 예수님을 사랑하는 성도들을 사랑하는 것입니다. 그것은 '성도의 교제'입니다. 그는 이것을 제자도의 본질이라고 설명하는데, 핵심은 예수님에 대한 사랑입니다. 하나님나라의 비밀이 예수 그리스도 안에 있고, 제자도의 본질이 예수 그리스도를 사랑하는 것입니다. 그러면 충분합니다.

목회 성공 키워드

목회자 후보생이나 목회자라면 누구나 성공적인 목회를 꿈꿉니다. 신학대학교나 신학대학원에 들어갈 때 무엇을 어떻게 준비해야 목회 사역에 성공할 것인가 하는 것이 초미의 관심사입니다. 그 분들에게 저는 단연코 이렇게 권해드립니다.

"예수님을 잘 믿으십시오."

어처구니없는 답이라고 생각하십니까? 하지만 예수님을 잘 믿는 것이 목회 성공의 열쇠입니다. 너무나 안타까운 것은 예수님만 믿어서는 부족하다는 생각, 목회에 성공하기 어렵다는 생각이 목회자들 사이에 있다는 것입니다.

'예수님만 믿어 가지고 될까?'

왜 그렇게 생각합니까? 다 믿기 때문입니다. 우리가 다 예수님을 믿는다고 하는데, 예수만 믿어서 목회에 성공할 것 같으면 다 성공할 것이 아닙니까.

'목회에 성공하려면 틀림없이 뭔가 더 있을 거야!'

예수님만 믿는다고 목회에 성공할 수 없다는 생각 때문에 목회 성공을 위해 다른 여러 방법을 찾습니다. 그럴 때 저는 예수님을 진짜 믿는지 반문하고 싶습니다. 다 예수님을 믿는다고 하는데, 예수님을 정말 제대로 믿어본 적이 있었습니까? 믿는다고 말만 하는 것이 아니라 예수님을 정말 믿어보셨느냐 말입니다.
예수님께서는 놀라운 말씀을 하셨습니다.

내가 진실로 진실로 너희에게 이르노니 '나를 믿는 자'는 내가 하는 일을 그도 할 것이요 또한 그보다 큰 일도 하리니 이는 내가 아버지께로 감이라 요 14:12

예수님은 다른 말씀은 안 하셨습니다. 예수님을 믿기만 하면 그 사람은 주님이 하신 일도 하고 그보다 큰 일도 할 것이라고 하셨습니다. 목회자들이 열심히 사역하다가 마지막 은퇴할 때쯤 무너지는 것을 보는 것은 너무나 안타까운 일이자 민망한 일입니다.
'평생을 훌륭하게 목회하시고도 왜 그렇게 마지막에 어려워지시는가?'
많은 분들이 이해하기 어렵겠지만, 그 이유는 '목회'가 목적이었기 때문입니다. 설교하고, 심방하고, 교회 부흥시키고 그렇게 목회 잘하는 것이 평생의 목적이었기 때문입니다. 평생의 삶의 목적이던 목회를 은퇴하려니까 그때부터 추해지는 것입니다. 그렇지만 예수님이 목적인 사람은 문제될 것이 아무것도 없습니다.
그런데 우리가 예수님이 목적이 아니고도 얼마든지 목회를 잘

할 수 있습니다. 목회에 성공하리라 마음에 굳게 작정하고 목회를 시작하면 나름대로 성과가 있습니다. 어떻게 하면 교회가 성장하고 부흥되는지 그런 방법을 가르쳐주는 곳도 많습니다. 그렇게 해서 교회를 성장시킨 목사님도 많이 계십니다. 그런데 이런 분들은 마지막에 가면 다 뒤집어집니다. 왜냐하면 목적이 교회 성장과 목회였기 때문입니다. 그렇지만 시작할 때부터 예수님이 목적이 되면 문제될 게 없습니다.

초대받지 못한 예수님

당신은 정말 예수님을 영접하셨습니까? 우리는 이 질문으로부터 시작해야 합니다. 여기서부터 바로 되어야 합니다.

> 볼지어다 내가 문 밖에 서서 두드리노니 누구든지 내 음성을 듣고 문을 열면 내가 그에게로 들어가 그와 더불어 먹고 그는 나와 더불어 먹으리라 계 3:20

이 말씀을 문자적으로만 해석하면, 예수님 믿는 것, 예수님을 마음에 영접하는 것을 신학적으로, 어떤 개념으로, 형이상학적으로 표현하지 않고 예수님과 함께 밥 먹는 거라고 하십니다. 밥 먹는 것이 그렇게 중요합니까? 네. 예수님은 그렇게 중요하게 여기십니다. 이 말씀에 비춰보면, 예수님이 정말 원하시는 것은 하루 세끼 밥 같이 먹자는 것입니다.

"내가 그에게로 들어가 그와 더불어 먹고 그는 나와 더불어 먹으리라."

주님과 함께 밥을 먹는다는 것은 '친밀함'을 의미합니다. 예수님은 우리가 예수님을 믿을 때 매끼 밥 같이 먹는 것과 같이 친밀하게 예수님을 알게 되기 원하십니다.

오늘 아침을 예수님과 함께 드셨는지 묻고 싶습니다.

하루 세끼 누구와 밥을 먹습니까? 부모님이나 자녀, 남편과 아내, 친구들과 하루 세끼를 늘, 함께 먹을 수 있는 사람은 없습니다. 그러나 내 안에 오신 분, 예수님과는 하루 세끼를 항상 같이 먹을 수 있습니다.

예수님 믿는다는 것이 막연하게 생각되십니까? 내가 예수님을 영접했다는 것은 예수님이 진짜 내 마음에 오셔서 이제 나와 하루 세끼 밥을 같이 먹는 분이 되셨다는 뜻입니다. 작은 것 같지만 식사하는 순간에도 늘 주님을 생각할 수 있는 그런 사람이 되는 것을 우리 주님이 원하십니다.

예수님은 제자들을 부르실 때 세 가지 목적을 말씀하셨습니다.

또 산에 오르사 자기가 원하는 자들을 부르시니 나아온지라 이에 열둘을 세우셨으니 '이는 자기와 함께 있게 하시고' 또 보내사 전도도 하며 귀신을 내쫓는 권능도 가지게 하려 하심이러라

막 3:13-15

예수님이 제자를 부르신 첫 번째 목적도 예수님과 함께 있게 하시기 위해서입니다. 그 다음 보내사 전도도 하며 귀신을 내쫓는 권능도 가지게 하려 하심이라고 나옵니다. 마찬가지로 내가 주님과 함께 있는 것이 제자됨의 시작입니다. 지금도 마찬가지입니다. 그 때 제자들과 함께 계셨던 예수님은 육신을 입은 몸으로 우리와 함께 계시지는 않지만 지금도 우리와 함께 계십니다. 예수님의 제자됨의 핵심은 예수님이 나와 함께 계신 것을 분명히 아는 것입니다. 그렇습니다. 예수님은 나와 함께 계십니다. 내가 마음의 문을 열면 내 안에 들어오시는 분입니다.

창세기 28장에 보면 야곱이 벧엘 들판에서 하나님을 만납니다. 그런데 야곱은 깜짝 놀랍니다. 그는 어떤 특별하고 거룩한 장소에서 하나님을 만날 수 있으리라 생각했지 들판에서, 돌을 베고 자던 그 자리에서 하나님께서 자신을 만나주시리라고는 상상하지 못했습니다.

여호와께서 과연 여기 계시거늘 내가 알지 못하였도다 창 28:16

그렇습니다. 주님은 우리 마음에 오시기 원하십니다. 하나님은 우리 안에 계십니다. 지금도 우리 가운데 계십니다. 예수님은 우리가 예수님을 정말 관심 있게 바라보기를, 예수님께 주목하기를 원하십니다. 예수님이 문 밖에 서서 두드리고 있다고 하시는데 그것이 누구에게 하신 말씀입니까? 바로 라오디게아교회에 하신 말씀이자 라오디게아교회 교인들에게 하신 말씀입니다. 지금도 그렇습니다. 안타깝게도 우리 주님은 스스로 그리스도인이라고 말하는 수많은 사람들의 마음 문 바깥에 아직도 서 계십니다. 계속해서 우리의 마음을 두드리고 계십니다. 왜 그럴까요? 우리가 진짜로 예수님을 마음에 모셔 들이기 싫어하기 때문입니다.

또한 그들이 마음에 하나님 두기를 싫어하매… 롬 1:28

정말 간절히 원하는 일?

제가 고등학교를 졸업하고 신학대학교에 입학했을 때, 부끄럽지만 대학에 들어가면 제일 먼저 해보고 싶은 일이 하나 있었습니다. 그것은 미성년자 관람 불가 영화를 보는 것이었어요. 고등학교 다닐 때까지도 저는 도대체 미성년자 관람 불가 영화에 어떤 내용이 있기에 그렇게 보지 말라고 하는지 정말 궁금했습니다. 대학생이 되면 볼 수 있다고 하니까 대학생이 되면 제일 먼저 미성년자 관람 불가 영화를 봐야겠다 생각했고 언제 그 영화를 볼 것인가가 저의 중요한 관심사였습니다.

그 시절에는 일간신문에 극장 영화 광고가 항상 실려 있었습니다. 하루는 저희 학교에서 비교적 가까운 종로 단성사라는 영화관에서 미성년자 관람 불가 영화를 상영한다는 광고를 보고 '보러 가야겠다' 마음에 작정을 했습니다.

하지만 그런 영화를 보러 가는 것이 부끄럽다는 생각이 들었어요. 그래서 기숙사에 있는 친구들이나 선배들에게는 교회에서 행사가 있다고 하고 혼자서 단성사까지 갔습니다. 영화표를 끊는데 두려웠습니다. 저는 속으로 계속해서 신앙고백(?)을 했습니다.

'나는 어른이야! 나는 어른이야!'

하지만 영화를 보고 나오는데 너무너무 부끄러웠습니다. 컴컴한 극장에서 환한 바깥으로 나오는데, 그때 누가 저를 알아볼 사람이 있겠습니까? 그런데도 사람들이 다 저를 쳐다보는 것 같았습니다.

"야, 신학생이 저런 영화나 보고…."

다 그러는 것만 같았습니다. 그런 영화를 보고 나왔다는 것 자체가 수치스러웠습니다. 단성사에서 학교가 있는 충정로까지 버스 정류장으로 네댓 정류장이기는 하지만 버스 타고 갈 마음이 없었어요. 걸어갔습니다. 스스로 내게 벌을 주는 의미로….

'너는 버스 탈 자격도 없어.'

기숙사에 들어갔는데 기도도 안 되고 계속 영화에서 본 장면만 묵상(?)이 되었습니다. 성경도 읽을 수 없고 아주 큰일이 났습니다. 그래도 내가 신학생인데 이게 뭔가 싶어 기숙사 채플로 달려가 맨 앞자리 의자에 앉았습니다.

"하나님, 잘못했습니다. 제가 보지 말아야 될 그런 영화를 본 것 같습니다."

분명히 회개했지만 마음이 시원하지 않았습니다. 제 마음에 하나님은 저에게, 지금은 이렇게 영화를 봤지만 다시는 이런 영화를 보지 않겠다고 분명히 약속하기를 원하시는 것 같았습니다. 제가 그렇게 약속하면 오늘 이런 영화 본 것을 용서해주실 것 같은 마음이 들었습니다. 그런데 차마 그 고백을 못하겠더군요.

'이번이 처음인데, 아무리 신학생이라도 앞으로 이런 영화를 다신 보지 않고 살아야 한다면, 그럼 낙이 없잖아? 아니 목사도 인생에서 뭔가 보고 즐기는 게 있어야 하잖아? 하나님 앞에 이런 영

화를 다시는 보지 않겠다고 하면 이제부터 그야말로 완전히 수도원생활에 들어가는 거 아닌가?'

제 안에 이런 생각이 들면서 1시간 여 동안 개인적으로 너무나 고통스러운 시간을 보냈습니다. 고백은 해야겠는데 고백할 수 없어서 혼자 끙끙대다가 결국 '하나님, 죄송해요' 그리고 나왔습니다. 다시는 안 보겠다는 고백을 드리지 못했습니다. 채플을 나오면서 속으로 다시는 안 보겠다고 말씀드리지 않아서 다행이라는 생각까지 들었습니다. 이것이 그 당시 예수님을 향한 저의 마음이었습니다. 제가 주님을 아는 것이 그 정도밖에 안 되었던 것입니다.

마음에 하나님 모시기를 정말 간절히 원하는지 생각해보십시오. 정말 그것을 원하십니까? 주님이 왜 그렇게 우리 마음을 두드리기만 하십니까? 분명히 나는 예수님을 영접했고 하나님의 일도 하는데 "볼지어다 내가 문 밖에 서서 두드리노니 누구든지 내 음성을 듣고 문을 열면 내가 그에게로 들어가 그와 더불어 먹고 그는 나와 더불어 먹으리라"(계 3:20)는 이 말씀이 계속 걸리는 이유가 뭘까요? 왜 예수님은 문 밖에서 두드리기만 하실까요?

내가 아직 진지하게 예수님을 영접하지 않았기 때문입니다. 예수님을 마음에 영접하는 것은 '주님, 내 마음에 한 번 오시죠?' 이렇게 하는 것이 아닙니다. 예수님이 내 마음에 오시면 그때는 내 감정도 내 마음대로 안 됩니다. 내 생각도 내 뜻대로 못합니다.

집에 정말 존경하는 어떤 분을 모시고 산다고 생각해보십시오. 생활이 완전히 달라지지 않겠습니까? 결혼하면 어떻습니까? 남편이 생기고 아내가 생기면 삶 전체가 바뀌게 됩니다. 아이가 생기면 어떻습니까? 그 아이 하나로 가정생활이 다 바뀝니다. 그렇다면 예수님이 정말 내 마음에 오신다면 어떤 변화가 일어나겠습니까? 삶 전체가 바뀌는 것입니다. 이것이 진정 거듭난다는 것입니다. 이것을 결심하셨습니까?

행복의 초점, 예수

제가 많은 분들과 만나 대화해보면서, 예수님을 마음에 모시고 사는 분명한 의식이 없는 분들이 많다는 것을 깨달았습니다. 예수님을 마음에 모셨다고는 믿기지 않을 때가 있습니다. 예수님을 마음에 모시고 산다면 어떻게 그런 생각을 할 수 있고, 어떻게 그런 말을 할 수 있고, 어떻게 그런 행동을 할 수 있겠습니까? 내가 정말 예수님을 마음에 영접했다면 그 후부터 내 생각과 관심의 초점은 온통 예수님이십니다. 그래야 예수님이 내 마음에 와 계신 겁니다.

선한목자교회에 와서 부목사 하고 싶다는 목사님이 한 분 계셨습니다. 그래서 만나서 여쭤봤습니다.

"왜 선한목자교회에 오려고 그러십니까?"

그랬더니 선한목자교회의 교역자들이 정말 행복해 보인다는 겁니다. 고등학교 2학년 때 부흥회에 참석하여 성령 받고, 주의 종이 되겠다고 결심했는데, 불신 집안이라 신학교 갈 때부터 고생이 말도 못했다고 합니다. 전도사 시절에도 교회 형편이 너무나 어렵고 목사님과 장로님 사이의 갈등 때문에 힘들었고, 부목사 시절이나 담임목회를 하는 지금껏 자기가 한 번도 행복해본 적이 없어서 행복한 목회가 어떤 것인지 전혀 모른다는 것입니다.

"목사님, 1년만이라도 저를 좀 받아주시면 제가 행복한 목회가 뭔지 배워서 앞으로 목회를 제대로 해보고 싶습니다."

저는 그 목사님께 이렇게 말씀드렸습니다.

"목사님, 고등학교 2학년 때 성령을 받았다고 하셨는데, 그때부터 지금까지 예수님은 목사님과 함께 계셨는데…. 신학교 때도, 전도사 때도, 부목사 때도, 지금 담임목회 하실 때도 예수님은 목사님과 함께 계셨는데, 예수님께서 그동안 목사님을 한 번도 행복하게 해주지 못하셨는데, 선한목자교회에 오신다고 해서 제가 어떻게 목사님을 행복하게 해드릴 수 있습니까? 예수님도 못하신 그 일을 제가 어떻게 해드릴 수 있겠어요?"

제 말을 다 듣고 목사님은 한참을 눈을 감고 계셨어요. 그러더니 눈을 뜨고 일어나시며 말씀하셨습니다.

"목사님, 감사합니다."

그러더니 제 손을 잡고 인사하시고는 돌아가셨습니다.

지금 예수님은 우리 안에 계십니다. 지금 내 안에 계신 예수님으로 행복하지 못한 사람은 어떤 조건으로도 행복할 수 없습니다. 예수님이 행복하게 해주실 수 없다면, 그 누구도 행복하게 해줄 수 없습니다. 초점은 예수님께 있기 때문입니다.

예수님으로 행복한 사람

어느 목사님 부부가 셋째 아기를 낳았는데, 태어난 아기가 다운증후군 아기였습니다. 목사님은 가슴이 철렁 내려앉았고 한동안 밥을 먹을 수도 없고 잠도 오지 않았습니다. 하나님께서 자신을 사랑하신다면 왜 이런 일이 생기는지 원망하는 마음이 생길 때쯤, 비로소 자신의 기쁨이 예수님 때문이 아님을 깨달았다고 합니다.

'그동안 내가 기뻤던 것이 좋은 일과 좋은 생활과 좋은 환경 때문이었구나! 환경이 조금만 어려워져도 내 안의 기쁨이 사라진다면, 아 내가 예수님으로 기뻐하는 사람이 아니지 않은가!'

그것을 회개하고 기도하던 중 하나님께서 목사님에게 '이 아이가 다른 가정에서 태어났다면 태어날 수 없고 버림받았을지도 모른다'는 것을 생각나게 하셨고, 하나님께서 목사님의 가정을 사랑하셔서 주신 생명이자 선물임을 깨닫게 하셨다고 고백했습니다. 그 후 아이를 보면 하나님이 우리를 사랑하신다는 증거로 보여 정말 감사하게 되었다는 것입니다.

더욱이 사모님은 슬퍼하거나 괴로워할 수가 없었습니다. 먼저 장애가 있는 자녀를 둔 교인들이 생각났고, 위로 두 아이가 동생을 낳고 슬퍼하는 엄마를 보고 어떤 생각을 할지 걱정스러워 내색도 하지 못했습니다. 어려운 마음을 안고 하나님께 물었습니다.

"하나님, 이것이 저를 향한 선한 계획인가요?"

그때 갑자기 어느 날 여섯 살 된 딸에게 선물을 사다주었는데, 자기가 원하는 것이 아니라고 자기 마음에 들지 않는다고 내던지고 화를 내며 울던 장면이 떠올랐습니다. 그때는 부모로서 딸을 도무지 이해시킬 수 없어 힘들었는데….

'아, 내가 지금 그렇구나! 하나님께서 선물을 주셨는데, 내가 그것을 깨닫지 못하고 내 생각과 다르다고 원망하고 슬퍼하고 있구나! 이 아이가 축복이구나! 하나님께 소망을 두고 사는 삶, 하나님의 사랑을 배우겠구나!'

이 아이가 하나님의 선한 계획을 알아가게 할 축복의 통로라는 것을 깨닫자 정말 감사하게 되었다고 합니다.

예수님을 바라보면 예수님으로 행복한 사람이 됩니다. 예수님으로 행복하면 어떤 위기도 극복할 수 있습니다. 정말 예수님을 마음에 영접할 준비가 되었습니까? 우리가 예수님을 알고 예수님을 사랑하게 되면 모든 것을 갖춘 것입니다.

예수님과 온전히 하나가 되는 것, 예수님만 생각하고 주님만 바라보고, 주님만 구하고, 주님 안에 거하고, 예수님 안에서 죽고, 예수님으로 살고, 예수님만 사랑하고 살기로 결단하는 것이 우리에게 주시는 하나님의 복입니다.

LET'S PRAY 이제는 내 생각과 감정이라도 더 이상 내 마음대로 하지 않겠습니다. 예수님, 내 마음에 왕으로 오신 것을 내가 분명히 믿고 알고 이제부터 그렇게 살겠습니다. 주님을 그렇게 영접한 적이 있는데 어느덧 예수님은 뒷전인 채 내 생각과 관심이 온통 다른 데 있었다면 이제 다시 주님께로 돌이킵니다. 주님, 제가 주님을 원합니다. 제가 알고 싶은 것은 주님뿐입니다. 다시 한번 온 마음으로 주님을 영접합니다. 예수 그리스도의 이름으로 간절히 기도하옵나이다. 아멘.

내가 그리스도와 함께 십자가에 못 박혔나니 그런즉 이제는 내가 사는 것이 아니요 오직 내 안에 그리스도께서 사시는 것이라 이제 내가 육체 가운데 사는 것은 나를 사랑하사 나를 위하여 자기 자신을 버리신 하나님의 아들을 믿는 믿음 안에서 사는 것이라 **갈 2:20**

CHAPTER 02

예수님과 함께 죽었습니까?

한번은 중동 지역에서 사역하시는 선교사님을 만난 적이 있었습니다. 제가 질문을 한 가지 했습니다.

"선교사님, 뭐가 제일 두려우세요?"

제 생각으로는 모든 것이 다 두려울 것 같았습니다. 선교사라는 신분이 발각되면 그 자리에서 죽임을 당할 수 있는 위험천만한 지역에서 사역하시기 때문입니다. 하지만 그 선교사님은 자기 신분이 발각되는 것, 체포되는 것, 고문당하는 것, 심지어 순교하는 것도 이미 떠나올 때 하나님께서 그 마음을 준비시켜주셨기 때문에 두렵지 않다고 했습니다. 그런데 단 한 가지만큼은 너무나 두렵다고 고백하셨습니다.

"주님의 임재가 느껴지지 않는다면 그때가 가장 두렵습니다."

하나님의 임재를 아는 사람

주님의 임재가 느껴지지 않는 것이 두렵다는 말은 주님의 임재를 경험해봤다는 뜻이기도 합니다. 주님의 임재를 경험해본 사람만이 주님의 임재가 떠나는 것을 두려워합니다.

실제로 목회하면서 가장 어려운 대상은 주님의 임재가 떠나가는 것에 대한 두려움이 없는 사람입니다. 주님의 임재를 경험해보지 못한 사람은 은밀한 죄, 혈기, 미움, 싸움, 거짓말, 허탄한 농담도 함부로 합니다. 어떻게 저런 말을 할 수 있을까 싶지만 그 사람에게는 아무 문제가 되지 않습니다. 왜냐하면 주님의 임재가 떠나가는 것이 얼마나 무서운지 모르고, 주님의 임재가 뭔지 모릅니다. 한 번도 경험해본 적이 없기 때문입니다.

주님의 임재를 아는 사람은 말을 함부로 하지 못합니다. 그런 점에서 우리와 함께 계시는 주님은 매우 섬세한 성품을 가지고 계십니다. 말을 함부로 하는 그 순간, 주님이 나와 함께 계시는 임재가 금세 사라지는 것을 느낍니다. 주님의 임재를 아는 사람은 더 이상 은밀한 죄의 유혹에 빠지지 않습니다. 은밀한 죄를 어떻게 짓습니까? 주님의 임재를 모르기 때문에 은밀한 유혹이 밀려오는 것입니다.

우리는 예수님의 이름이 '임마누엘'이신 것을 분명히 압니다.

예수님이 우리와 함께 계시는 것을 분명히 알고 있습니다. 그러나 지식과 실제적인 체험은 다른 문제입니다. 안다고 해서 실제로 믿는 것이 아니라는 그것이 우리의 문제입니다. 주님이 우리와 함께 계시는 것을 잘 아는 사람들이 실제로는 주님이 우리와 함께 계시지 않는 것처럼 행동하기 때문입니다.

감리교에는 지방회라는 가장 작은 단위의 지역 모임이 있습니다. 제가 처음 전도사로 목회를 시작하여 지방회에 참석했을 때 일이었습니다. 목사와 장로님들이 모인 자리로 싸울 일이 없는 사람들끼리 모였는데 싸움이 일어났습니다. 물론 치고 박고 싸우지는 않았지만 얼굴이 벌게지고 고성이 오가고 삿대질하고 서로 마이크를 차지하려고 하는, 보기에 민망할 정도의 다툼이었습니다.

회무 처리가 제대로 되지 않는 가운데 시간이 흐르고 어느덧 순서지상 추도예배를 드리는 시간이 되었습니다. 순서 인도자가 추도예배를 드리자고 의사 진행 발언을 하자 서로 싸우던 사람들이 예배를 드리자는 데는 아무도 이의가 없었습니다. 유족들을 모시고 추도예배를 드리기 시작하면서 목사님, 장로님들이 차례로 강단에 오르시고 다같이 찬송을 불렀습니다.

그때 얼마나 눈물이 흘렀는지 모릅니다. 우리가 살아 계신 하나님을 믿고 우리와 함께 계시는 것을 믿는다고 하는 게 다 무슨 소용인지, 그토록 다투다가 아무것도 해결되지 않은 상태에서 어떻게 이렇게 태연히 하나님 앞에 찬송을 올려드릴 수 있는지, 하나님께서 그 예배를 어떻게 받으시라는 건지, 대체 하나님을 어떻게 생각하는지, 이것이 제가 목회자로서 처음 경험한 교단의 실상이자 평생 몸담아야 할 교회의 모습이었습니다. 추도예배가 끝나고 싸움은 다시 시작되었습니다.

우리는 하나님의 임재에 대해 지식적으로 압니다. 실제적인 체험이 없습니다. 하나님이 나와 함께 계시지 않아도 아무렇지 않다는 것은 정말이지 무서운 일입니다.

예수님, 내 안에 계십니까?

저는 이미 목사가 될 운명이 정해진 사람이었어요. 첫아들인 제가 태어나자마자 아버지가 저를 하나님께 바치셨기 때문입니다. 그래서 저는 다른 선택의 여지없이 순순히 신학교에 가야만 했습니다. 그런 제가 고등학교 2학년 때입니다. 학생부 예배에서 말씀을 전하시는 전도사님께서 고린도후서 13장 5절 말씀을 본문으로 설교하셨습니다.

너희는 믿음 안에 있는가 너희 자신을 시험하고 너희 자신을 확중하라 예수 그리스도께서 너희 안에 계신 줄을 너희가 스스로 알지 못하느냐 그렇지 않으면 너희는 버림 받은 자니라 고후 13:5

말씀의 요지는 모든 예수 믿는 사람 안에 예수님이 와 계신다는 것이었습니다. 그때 저는 머리를 한 대 얻어맞은 듯한 충격을 받았습니다.

'그럼 난 예수님의 사람이 아니잖아. 내 안에는 예수님이 계시지 않아. 예수님이 내 안에 계시면 내가 그걸 어떻게 모를 수 있겠어?'

예수님이 어떻게 나 몰래 내 안에 계실 수 있습니까? 내가 모르면 안 계신 거지요. 저는 예배 시간 내내 그 생각뿐이었습니다. 이것이 매우 심각한 일이라는 결론에 다다른 저는 예배를 마치자마자 전도사님을 찾아가 상담을 했습니다.

"전도사님, 정말 제 안에 예수님이 계십니까?"

"그래. 기성아, 네 안에 예수님이 계셔!"

저는 정말 미칠 지경이었어요. 아니 제 안에 예수님이 계신 걸 제가 잘 알겠어요? 그 전도사님이 잘 알겠어요? 제가 모르겠는데 어떻게 그렇게 단정하실 수 있느냐 말입니다. 그때 저는 솔직하게 그 전도사님에게 "전도사님, 정직히 말씀드리면 예수님은 제 안에는 안 계십니다. 제 안에 계시면 제가 어떻게 모를 수 있겠어요?" 이렇게 말씀드리고 싶었습니다.

그런데 그 순간 너무나 많은 생각이 제 머릿속을 스치고 지나갔습니다. 그렇게 말했다가 전도사님도 내 마음을 잘 헤아려주지 못할 것 같고, 힘겹게 목회하시는 아버지에게 도움은 되어드리지 못해도 "목사님 아들도 예수 안 믿더라"는 말이 나오게 하는 난감한 상황도 감당할 자신이 없었습니다.

그래서 저는 전도사님께 이렇게 대답했습니다.

"아, 그렇군요!"

그러는 게 두루두루 편할 것 같았습니다. 신학교에 들어갈 때까지 그랬습니다. 신학교에 들어가면 반드시 예수님을 만날 거라고 생각했기 때문입니다.

저는 신학교라는 곳은 예수님과 같이 거니는 곳인 줄 알았습니다. 강의실에서 예수님과 같이 공부하고, 채플에서 예수님과 같이 예배드리고, 그렇기 때문에 신학교에 들어가서 목사가 되어 나오는 거라고 생각했습니다. 그렇게 신학교에 가기만 하면 다 해결이 될 거라 여기고 그때는 믿는 척하고 넘겼습니다.

머리로 아는 것과 실제 체험은 이렇게 다른 문제입니다.

주님의 임재를 모르니까 짓는 죄

우리가 아는 주님의 임재가 실제라면 그것이 얼마나 놀라운 일입니까? 예수님이 나와 함께 계시는 것을 알면 그때 진짜 두려움이 다 떠나가는 것입니다. 예수님이 나와 같이 계시는 것을 느끼는데 어떻게 은밀한 죄라는 게 있을 수 있나요? 사람이 완전히 바뀌어버립니다. 주님의 임재가 나에게 실제가 되는 것이야말로 하나님께서 허락하신 엄청나고 놀라운 축복입니다.

주님이 우리와 함께하신다는 것은 더 이상 지식으로 끝날 문제가 아닙니다. 하나님의 사역을 한다는 사람이나 설교하고 목회하는 목사조차 주님의 임재를 모를 때가 있습니다. 그 영적 공허함은 엄청난 것입니다.

그래서 목회자나 교회 중직자나 결코 그럴 리 없는 하나님의 사역자들이 돈을 탐하고, 명예를 좇고, 오락이나 잡기, 음란에 빠지는 것입니다. 그런 사람을 본다면 그가 실제로는 예수님을 모르기 때문이라고 생각하면 정확할 것입니다. 주님이 함께 계신 것을 안다면 그렇게 하라고 부추겨도 못합니다. 주님의 임재를 알면 아무것도 문제가 되지 않습니다. 주님을 모르기 때문에 그런 문제가 문제가 됩니다.

뭔가 두려워하는 목사님이 계셔서 그 이유를 물으니 교인 중에 특별한 은사를 받았다는 분의 이야기를 합니다. 그 분이 어떤 사람을 보면 뭔가 보인다고 하고 그것이 신통하게 잘 들어맞는다는 것입니다. 그런데 그 일로 교회 안에 문제가 생겼습니다. 그래서 교인들이 그 목사님에게 분별해줄 것을 요청하여 찾아오기로 했다는 것입니다. 그런데 왜 두렵지요? 그 목사님을 보고도 뭔가 보인다고 그러면 어떻게 하느냐고 그것이 두렵다는 것이었어요.

그러면 한번 생각해보십시오. 목회자가 그 속에 교인들에게 들키지 말아야 할 어떤 죄를 감추고 있어서, 그것을 특별한 은사를 가진 사람이 보고 가려내는 역사가 일어나면 두려울 수 있습니다. 그런 은사를 받았다는 사람을 만나는 일 자체가 겁나기도 하겠지요. 하지만 그 안에 예수님이 계시지 않습니까? 그럼 예수님이 아시는 것은 아무렇지도 않나요? 훤히 꿰뚫어 본다는 은사를 가진 교인이 아는 것은 겁이 나면서 마음속에 계시는 예수님, 그분이 아시는 것은 아무렇지 않다는 겁니까?

예수님을 모시고 살면 겁이 날 것이 무엇입니까? 지식으로만 안다는 게 얼마나 심각한지 아시겠습니까? 예수님이 나와 함께 계신다, 내 마음에 오셨다는 것을 알기만 하고 주님의 임재를 경험하지 못하면 목회자나 다른 어떤 사역자라 해도 오히려 심각한 죄를 짓게 됩니다. 하나님 앞에 서는 일이 두려운 사람이 됩니다.

은혜의 한가운데

많은 사람들이 주님이 함께 계시는 것을 느끼지 못한다는 고민을 이야기합니다. 예수님이 함께 계신다고 철석같이 믿는다고 하는데, 예수님이 함께 계신 것은 느끼지 못하는 일이 실제로 일어납니다.

제가 북경 코스타에 갔다가 한 형제와 상담을 했습니다. 마지막 저녁 집회를 앞두고 꼭 만나서 상담을 하고 싶다는 그 청년과 만났습니다. 청년은 굉장히 키가 컸습니다. 제가 무엇을 상담하고 싶은지 그에게 물었습니다.

"목사님, 저는 이 코스타에 정말 은혜 받으러 왔습니다. 그런데 아직까지 하나님의 은혜를 받지 못해 너무너무 힘이 듭니다. 하나님을 만나지 못하면 제 문제를 해결받을 수가 없습니다."

그 청년은 굉장한 기대를 가지고 코스타에 참석했는데 다른 사람들은 다 은혜를 받는데 자신은 전혀 은혜를 받지 못하고 있다고 했습니다. 마음이 냉랭한 채 아무 은혜도 안 느껴지고, 찬양을 해도, 기도를 해도 다른 사람들처럼 안 되어 답답한 채 오늘에 이르렀다는 것입니다. 오늘도 은혜를 못 받으면 자기는 정말 큰일난다고 하면서 이렇게 물었습니다.

"목사님, 어떻게 하면 제가 은혜를 받을 수 있겠습니까? 저는 오늘 밤에 반드시 은혜를 받아야 합니다. 어떻게 하면 은혜를 받을 수 있을까요?"

그러면서 덩치 큰 남자 청년이 제 앞에서 펑펑 울기 시작하는 것입니다. 그런데 저는 그 청년을 보면서 정말 의아한 생각이 들었습니다. 제가 그 청년에게 이렇게 질문했습니다.

"형제는 왜 그렇게 웁니까?"

그러자 청년이 눈물을 닦으면서 말했습니다.

"글쎄요."

"형제는 은혜를 받지 못하고 있다고 생각하는데 정말 은혜를 받지 못한다고 생각하나요? 하지만 정말 그렇다면 형제는 첫째 날, 둘째 날, 셋째 날이 되기까지 이러고 있을 사람이 아닙니다. 은혜를 못 받았고 주님이 형제를 만나주지 않았다면 벌써 집으로 돌아갔을 겁니다.

또 형제는 어째서 이렇게 계속해서 은혜를 사모하고 또 사모하고 오늘은 제 앞에서 울기까지 하면서 그렇게 은혜를 사모하시나요? 형제님의 마음속에 은혜를 받아야겠다는 지극한 갈망은 도대체 누가 넣어주는 겁니까? 형제님 주변 사람들이 다 그럽니까? 형제님은 어째서 그럽니까?

만일 주님이 역사하신 것이 아니라면 형제님은 이렇게 울면서 오늘 밤에 꼭 은혜를 받아야 한다고 고백할까요? 주님이 인도하신 것이 아니라면 여기 오지도 않았을 겁니다. 저는 주님이 형제님에게 정말 놀랍게 역사하시는 것을 지금 보고 있습니다."

그러자 그 청년도 자기 마음이 간절하다는 것과 그것이 특별한 은혜라는 것에 비로소 눈이 열렸습니다. 저는 그 청년에게 은혜 못 받아서 답답하다고 기도하지 말고 주신 은혜에 감사하는 기도를 드리라고 가르쳐주었습니다.

"하나님, 감사합니다. 저에게 은혜 주셔서 감사합니다. 제 마음의 사모함과 갈망과 주님을 향한 소원함을 주신 것을 감사합니다. 그런데요 주님, 더 주세요. 주님이 제게 원하시는 것은 이 정도가 아니잖아요. 주님이 원하시는 대로 더 역사해주세요."

그리고 저녁 집회에 그 청년이 어디 있는지 찾아 주목해서 보았습니다. 청년은 바닥에 그대로 무릎을 꿇고 펑펑 울며, 은혜를 받아도 보통 받는 것이 아니었습니다. 사람은 참 이상합니다. 정말 놀라운 은혜를 받고 있고 성령이 역사하시는데도 정작 본인은 전혀 모를 때가 있습니다. 그 눈이 뜨여야 합니다. 주님은 정말 우리와 함께 계십니다. 그런데 안타깝게도 많은 사람들이 자신은 주님의 역사를 전혀 경험하지 못하고 있다고 말합니다.

주님의 임재의 실재

얼마 전에 한 목사님을 만났습니다. 사모님은 암 수술을 받으러 수술실로 들어가셨고 대기실에서 불안하고 답답한 가운데 아내를 위해 기도하고 있는데, 갑자기 주님이 목사님에게 이렇게 질문하시는 것이 느껴졌다고 합니다.

"네가 힘드냐?"

목사님은 즉시 대답했다고 합니다.

"오, 주님. 저 정말 너무 힘들어요."

그러자 주님이 또 물으십니다.

"너 고통스러우냐?"

"주님, 저 정말 고통스럽습니다."

이번에도 주님이 물으십니다.

"그래서 너 불행하냐?"

주님이 이렇게 물으시는데 그 질문에 "불행합니다" 이렇게 대답할 수 없었다고 합니다. 분명히 고통스럽고 두렵지만 불행하냐고 물으시는 순간 즉시 답하지 못하고 생각해봤다고 합니다.

"주님, 불행하지는 않습니다."

그랬더니 주님이 금방 다시 물으십니다.

"그러면 너는 행복하냐?"

이번에도 대답을 못하고 또 한참을 생각해보았습니다. 그리고 대답했답니다.

"주님, 저 행복합니다."

곰곰이 생각해보니 정말 행복하더랍니다. 자신이 구원받았고, 지금까지 주님을 위해 목회했고, 무엇보다 아내가 암 수술을 받을 때 기도하며 그 곁을 지킬 수 있는 이 일들이 감사해서 자신이 정말 행복하다는 생각이 들었다고 해요. "주님, 제가 행복합니다" 이렇게 고백하는 순간 목사님 마음속의 두려움과 고통이 다 떠나갔습니다.

그렇습니다. 주님의 임재하심은 말만이 아닙니다. 예수님이 나와 함께 계신다고 그냥 교리나 지식으로 알 문제가 아닙니다. 주님은 그렇게 하라고 말씀을 주신 것이 아닙니다. 우리 주님은 살아 계시고 우리 안에 들어와 우리와 더불어 함께하시는 분이십니다. 그 예수님을 분명히 알면 그때부터 우리의 삶 전체가 바뀌고 우리의 사역이 바뀝니다.

주인인가? 손님인가?

그러면 예수님이 분명히 함께 계신데 왜 우리는 주님이 함께 계시는 것을 생생하게 경험하지 못합니까? 주님이 역사해주지 않으시는 것이 아니라 주님이 역사를 못하시는 것입니다. 주님이 역사하지 못하시는 것이 곧 주님이 우리와 함께 계신데도 우리가 주님을 실제로 경험하지 못하는 이유입니다.

그것은 예수님이 우리와 함께 계시지만 우리의 주인이 되지 못하시기 때문입니다. 우리는 예수님을 다 주님이라고 부릅니다. 하지만 아는 것을 믿는다고 착각하지 마십시오. 예수님이 진짜 주님이 맞습니까? 손님과 같은 그런 존재는 아닌가요?

제가 미국이나 호주 등 교민 집회를 인도하면서 교민 가정에 묵을 때가 종종 있었습니다. 그럴 때마다 다들 이렇게 말씀해주십니다.

"목사님, 내 집이다 생각하고 편히 지내세요."

편안한 마음으로 쉬라는 뜻에서 하시는 말씀이지요. 물론 저도 그 말을 감사히 받습니다. 그렇지만 한 번도 그 성도님의 댁을 내 집처럼 여겨본 적은 없습니다. 실제로 그랬다가는 큰일 납니다. 자기 집이라면 안 들어가보는 방이 없습니다. 성도님의 말을 액면 그대로 받아들여서 그 집을 내 집처럼 생각하고 여기저기 돌아다닌다든지 안 들어가보는 방 없이 다 들어가보고 심지어 침실에도 서슴없이 들어간다면 어떨까요? 정말 큰 결례가 될 것입니다.

그런데 우리가 꼭 우리 안에 모신 예수님께 그렇게 하고 있습니다. 예수님이 나의 주님이시라고 우리는 아무 갈등 없이 그렇게 고백합니다. 예수님이 나의 주님이 되셨으면 하는 마음이 우리 안에 다 있습니다. 그렇지만 예수님도 그렇게 느끼실까요? 예수님도 내 안에 오셔서 정말 나의 주님이 되셨다고 그렇게 느끼실까요? 그것은 다른 문제입니다.

물이 포도주 되는 기적

물론 내 안에 계신 예수님이 하라고 하는 그대로 순종하면 그렇게 됩니다. 그런데 예수님이 지시하신 대로 기도하고, 말씀 보고, 전도하고, 용서하고, 사랑하고, 헌신하고 주님이 하라는 대로 다 하시나요? 내가 그렇게 해야 예수님이 나의 주님이 맞고 그렇지 않다면 주님은 그야말로 말만 주님인 겁니다.

나더러 주여 주여 하는 자마다 다 천국에 들어갈 것이 아니요 다만 하늘에 계신 내 아버지의 뜻대로 행하는 자라야 들어가리라

마 7:21

예수님은 우리에게 정말 소중한 분이십니다. 우리를 위해 십자가에서 죽으시고 우리를 죄와 사망에서 건져주신 분이시지요. 그

러나 그 예수님이 아직도 나의 주님이 되지 못하시는 경우가 있습니다. 그런데도 예수님을 주님이라고 부르는 것은 자기가 자기를 속이는 심각한 문제가 아닐 수 없습니다.

가나 혼인 잔치의 예수님, 예수님이 손님으로 계시고 그 집에 포도주가 없을 때에도 주님은 아무것도 하지 않으셨습니다. 아니 손님이니까 못하신 겁니다. 그렇다면 자신에게 재빨리 점검해보십시오.

"예수님은 내게 귀한 손님이실 뿐인가?"

그러나 예수님이 내 삶의 주님이 되시면 물이 포도주가 되는 기적이 일어납니다. 그것이 예수님이 행하신 첫 번째 기적이자 표적입니다. 바로 우리가 예수님을 영접할 때 일어나는 일에 대한 표적이기도 합니다. 우리의 삶 가운데, 목회와 사역의 현장에 물이 포도주가 되는 기적이 일어나고 있습니까? 만약 그렇지 않다면 예수님이 가나 혼인 잔칫집의 손님으로 와 계신 것처럼 내게 여전히 손님으로 계신 것입니다.

예수님이 주인 된 바울

사도 바울은 분명히 이렇게 고백했습니다.

그리스도께서 이방인들을 순종하게 하기 위하여 나를 통하여 역사하신 것 외에는 내가 감히 말하지 아니하노라 롬 15:18

사도 바울의 사역은 사도 바울 자신이 한 것이 아닙니다. 그는 자신의 사역을 가리켜 그리스도께서 자신을 통해서 역사하신 것이라고 말합니다. 이 말씀처럼 우리의 삶과 사역 현장에서도 예수 그리스도께서 역사하시는 것이면 정말 놀라운 일이 벌어집니다. 우리가 교회학교를 섬기거나 목회를 하거나 설교를 하거나 심방을 하거나 그 일이 우리가 하는 것이 아니라 예수 그리스도께서 우리를 통해 역사하시는 것이라면 얼마나 놀라운 일이 벌어지겠습니까? 그런데 그 일이 사도 바울에게는 가능하지만 우리에게는 영영 일어나지 않는 건가요?

사도 바울은 이렇게 답합니다.

내가 그리스도와 함께 십자가에 못 박혔나니 그런즉 이제는 내가 사는 것이 아니요 오직 내 안에 그리스도께서 사시는 것이라

갈 2:20

우리 안에 예수님이 사시는 것은 사도 바울이나 우리나 똑같습

니다. 사도 바울은 오직 자신 안에 그리스도께서 사신다고 했습니다. 그러면 먼저 "내가 그리스도와 함께 십자가에 못 박혔나니 그런즉 이제는 내가 사는 것이 아니요"라는 고백을 똑같이 할 수 있느냐가 문제입니다. 그 점에 대해서 우리는 사도 바울과 같지 않습니다. 우리는 우리 '자신이 십자가에 못 박힌 것'과 '이제는 내가 사는 것이 아니라는 것'에 대해 너무 불분명합니다. 예수님이 내 안에 오셨지만 역사하지 못하시는 가장 큰 장애물은 처리되지 않은 나의 자아, 죽지 않은 나의 자아 때문입니다. 내 자아가 주님의 역사를 가로막는 가장 큰 장애물입니다. 결국 우리 자신이 문제입니다.

갈라디아서 2장 20절의 사도 바울의 고백은 예수 그리스도께서 사도 바울을 통해서 역사하신 열쇠입니다. 우리 마음에 두 주인이 있을 수 없습니다. 내가 주인이든지 예수님이 주인이십니다. 내가 주인인 한 예수님은 손님이십니다. 예수님이 주인이 되시려면 내 자아는 십자가에서 처리되어야 합니다. 내가 죽지 않았는데 예수님이 주인이 되실 리 없습니다.

한 사람이 두 주인을 섬길 수 없기 때문입니다.

하나님이 받으셔야 할 영광을 가로채는 자아

우리는 끊임없이 나 자신을 추구합니다. 자기 자신, 자기 목적, 자기만족과 유익을 추구합니다. 자기 자신에 대한 소원이 십자가에서 다 처리되어 자신은 어떻게 되어도 상관없는 그런 사람이 되지 않았다면, 자아가 죽지 않은 상태에서 하는 일은 그것을 아무리 탁월하게 해낸다 해도 자신을 점점 더 망하게 하는 길로 가게 할 뿐입니다. 죽지 않은 자기 자아가 하나님의 영광을 전부 가로챕니다.

'기도의 사도'라고 하는 인도의 선교사 존 하이드(John Hyde)가 신학교를 졸업한 후 미국 전역에서 밀려든 목회자 청빙을 거절하고 인도 선교사로 떠나게 됩니다.

인도로 가는 배에서 그는 정말 훌륭한 선교사가 되겠다는 마음으로 가슴이 뛰었습니다. 그런데 선실에 내려와보니 아버지의 친구이신 존경하는 목사님으로부터 전보가 도착해 있었습니다. 반가운 마음으로 그는 즉시 읽어보았습니다.

> 존 하이드, 네가 성령으로 충만해질 때까지 너를 위한 기도를 쉬지 않겠다.

그리고 목사님의 사인이 있었습니다. 전보를 다 읽은 존 하이드는 손이 부들부들 떨렸고 그 전보를 구겨서 선실 바닥에 던져버렸습니다. 너무 화가 나서 갑판 위로 올라갔습니다. 존 하이드는 분을 주체하지 못하는 얼굴로 중얼거렸습니다.

"성령으로 충만해질 때까지라니…. 최고의 선교사가 되기 위해 인도로 가고 있는 내가 성령 충만을 받지 못했다고 생각하다니 어처구니가 없군. 성령 충만하지 않다면 어떻게 이럴 수가 있겠어?"

그는 목사님이 아직까지 자신을 성령 충만하지 않다고 본 것이 너무 분했습니다. 한편으로 평소 존경하던 목사님이 하신 말씀이 헛된 소리가 아니라면, 그 목사님이 내가 성령으로 충만해질 때까지 기도하기를 쉬지 않겠다고 했다면 그 목사님의 말씀에 뭔가 있지 않을까 하는 생각이 들어서 부리나케 다시 선실로 내려갔습니다. 그리고 구겨서 던져버린 전보를 펴서 다시 읽었습니다.

존 하이드, 네가 성령으로 충만해질 때까지 너를 위한 기도를 쉬지 않겠다.

그는 선실 바닥에 무릎을 꿇었습니다. 그 목사님이 옳으며 선교 사명을 감당할 만큼 자신이 성령으로 충만하지 못하다는 것을 깨달은 것입니다. 성령 충만을 받기 전에 인도 땅을 밟지 않겠다고 결심한 그는 하나님께 간절히 매달렸습니다. 위대한 존 하이드 선교사가 태어나는 순간이었습니다.

주님을 위하고 하나님나라를 위하고 교회를 위하는 헌신과 봉사와 충성, 사역적 결단 속에 자아가 역사할 수 있습니다. 탁월한 설교자, 큰 교회 담임목사, 선교사, 찬양 사역자, 훌륭한 신학대학 교수가 된다고 해도 그것이 자기만족이 될 수 있습니다. 자기만족을 추구하는 것이 얼마나 무서운 일인지 알아야 합니다. 자기만족을 추구하는 것도 무서운 죄인데 그것이 좋게 포장되면 더더욱 심각해집니다.

이 땅의 많은 목회자들이 주님이 맡겨주신 사명이기에 목회한다고 말합니다. 그러나 실제로 정말 그렇습니까? 만일 자신이 죽지 않았는데도 목회가 잘 된다면 그것은 저주와 같은 일이 될 것입니다. 실제로 그런 일이 일어날 수 있다는 것을 엄중히 기억하십시오.

나의 죽음을 받아들이는 세례식

많은 사람들이 자신의 자아를 죽여야 한다고 생각합니다. 어떻게 하면 자아를 죽일 수 있는지 궁금해 합니다. 그러나 여기서 우리는 정확한 진리를 알아야 합니다. 이 점이 명확하지 않기 때문에 자기 자아를 죽이려 하고, 그것을 위해 평생 노력하는 사람들이 있습니다. 마치 기독교가 도(道)를 닦는 종교인 것처럼 말입니다.

물론 자신의 자아가 문제라는 것을 깨달은 것은 귀하고 놀라운 일입니다. 그렇지만 말씀의 진리 앞에 분명히 서 있지 못하다는 것 또한 인정해야 합니다. 기독교는 도 닦는 종교가 아닙니다. 기독교와 불교의 근본적인 차이가 뭡니까? 우리는 스스로의 노력으로 도를 깨치는 것이 아닙니다. 기독교는 전적인 은혜로 하나님의 구원의 역사를 누리는 종교입니다. 자아의 죽음 역시 은혜로 누리는 것이지 노력해서 성취하는 것이 아닙니다.

저는 처음 갈라디아서 2장 20절 말씀을 읽을 때, 사도 바울이 너무나 훌륭한 사도이기 때문에 이런 경지에까지 이르렀다고 이해했습니다. 사도 바울과 같은 정도의 사람이니까 "이제는 내가 사는 것이 아니라"고 고백하는 것이 자연스럽다고 이해했습니다. 나도 성경을 많이 알고 기도도 열심히 하고 신앙의 연륜과 목회 연륜이 쌓이면, 하나님께서 내게 은혜를 주시면, 사도 바울처럼 이런 고백을 드리며 하나님 앞에 나아갈 수 있는 사람이 되지 않을까 그렇게 생각했습니다. 얼마나 성경을 제대로 알지 못한 이야기입니까?

그러나 이 말씀은 어떤 경지에 이른 사람의 고백이 아니라 정확히 세례 받을 때의 믿음입니다.

> 무릇 그리스도 예수와 합하여 세례를 받은 우리는 그의 죽으심과 합하여 세례를 받은 줄을 알지 못하느냐 그러므로 우리가 그의 죽으심과 합하여 세례를 받음으로 그와 함께 장사되었나니 이는 아버지의 영광으로 말미암아 그리스도를 죽은 자 가운데서 살리심과 같이 우리로 또한 새 생명 가운데서 행하게 하려 함이라 롬 6:3,4

세례는 그리스도 예수와 합하여, 그의 죽으심과 합하여 받은 것입니다. 세례는 예수님과 함께 죽은 것입니다. 우리가 세례를 받았다는 것은 우리가 이미 장례를 치른 사람이 되었다는 뜻입니다.

4절에 "그러므로 우리가 그의 죽으심과 합하여 세례를 받음으로 그와 함께 장사되었나니 이는 아버지의 영광으로 말미암아 그리스도를 죽은 자 가운데서 살리심과 같이 우리로 또한 새 생명 가운데서 행하게 하려 함이라"고 했습니다. 바로 예수님이 십자가에 죽으실 때 하나님께서 이루어놓으신 일입니다. 하나님께서 이렇게 하기로 정하셨습니다. 이제부터 누구든지 예수 그리스도 안에 있는 자는 예수와 함께 십자가에 못 박혔다고 말입니다. 우리는 그 사실을 믿는 믿음으로 세례를 받습니다.

세례를 받았다는 말인즉, '나의 죽음'을 받아들인다는 것입니다. 나는 이제 죽었다는 고백입니다. 그러니까 죽음의 세례식이 거행되고 자신의 죽음을 받아들일 때, 그가 비로소 예수님의 생명으로 사는 자가 되는 것입니다. 그래서 우리는 예수가 나의 생명이 되신다고 노래하고 고백할 수 있는 것입니다. 예수님이 내 생명이시면 어떻게 내 안에 두 생명이 있을 수 있겠습니까? 내 생명이 있으면 예수님이 내 생명이 아니시고, 예수님이 내 생명이면 나는 죽은 것이지요. 이것이 바로 세례 받을 때 우리의 믿음입니다.

우리가 알거니와 우리의 옛 사람이 예수와 함께 십자가에 못 박힌 것은 죄의 몸이 죽어 다시는 우리가 죄에게 종 노릇 하지 아니하려 함이니… 이와 같이 너희도 너희 자신을 죄에 대하여는 죽은 자요 그리스도 예수 안에서 하나님께 대하여는 살아 있는 자로 '여길지어다' 롬 6:6,11

이제는 이것을 믿으십시오. 내가 죽어야 하는 것이 아니라 내가 예수님과 함께 이미 죽었음을 믿는 것입니다. 우리가 할 일은 믿는 것밖에 없습니다. 나를 죽이는 게 아니라는 것을 믿으십시오. 그 일을 우리가 이룰 수 있었다면 우리에게 예수님의 십자가가 필요하지 않았습니다. 내가 나 자신을 죽일 수 있다면, 나의 옛 사람을 스스로 처리할 수 있다면 예수님이 나를 위해 죽으실 이유가 없습니다. 우리는 할 수 없는 일이니까 예수님이 하신 겁니다.

자아의 죽음을 믿음으로 취하라

사도 바울은 "내가 그리스도와 함께 십자가에 못 박혔나니…"라고 했습니다. 그럼 예수님이 십자가에 죽으실 때 사도 바울도 같이 죽었습니까? 실제로 예수님이 십자가에 못 박히실 때 사도 바울도 못 박히고자 십자가에서 두 분이 만나 서로 끌어안고 같이 죽었기 때문에 사도 바울이 "내가 그리스도와 함께 십자가에 못 박혔다"고 고백하는 겁니까? 그렇다면 정말 난센스이지요.

실제로 십자가에서 죽으신 분은 예수님 한 분뿐입니다. 하지만 사도 바울은 자신이 그리스도와 함께 십자가에 못 박혔다는 것을 믿음으로 취했고 예수님의 죽으심을 곧 자신의 죽음으로 취했습니다. 그러면 그것이 사도 바울에게만 허락된 걸까요? 아닙니다.

우리 모두에게 허락되었습니다.

그런데 왜 우리는 우리의 죽음을 담대하게 고백하지 못합니까? 내가 죽었다는 것이 왜 그렇게 어색한가요? 한국 초대교회의 김익두 목사님은 소문난 깡패였습니다. 자신이 예수를 믿고 거듭났는데 그것을 아무도 믿으려고 하지 않자 그는 실제로 자신이 죽었다는 부고장(訃告狀)을 돌린 분입니다. 말씀을 믿음으로 취할 뿐만 아니라 그렇게 고백하고 선포했으니 그런 그를 통해 주님이 역사하실 수 있었던 것입니다.

그러면 사도 바울과 김익두 목사와 우리의 차이는 무엇입니까? 하나님의 은혜가 다른 것도 아니고 완전한 십자가의 복음이 다른 것도 아닙니다. 다른 것 하나는 믿음입니다. 고백이 다릅니다. 우리는 자신이 죽었다는 말을 쉽게 하지 못합니다. 죽었다고 하고 안 죽은 것이 드러나면 너무 민망하니까 자신이 진짜 죽으면 말하려고 조심스럽게 기다립니다. 하지만 혈기를 부리는 순간 자신이 죽지 않았음을 알고, 음란한 마음이 일어나면 자신이 죽지 않았다는 것을 압니다. 그러다가는 "내가 죽었다"라는 고백을 평생 제대로 못하고 맙니다. 그러니 믿으십시오. 당신은 죽었습니다.

우리에게는 속죄에 대한 믿음이 있습니다. 예수님이 십자가에 죽으신 것이 나의 죄를 사하시기 위함이었다는 것이 믿어지지 않는다는 사람은 좀처럼 없습니다. 만일 그런 사람이 있다면 어떻게 알려주시겠습니까?

"말씀에도 나와 있듯이 그것은 하나님의 약속입니다. 당신이 할 일은 단지 하나님의 약속을 믿고 고백하는 것입니다. 나의 모든 죄가 사함을 받았다고 마음으로 믿어 의에 이르고 입으로 시인하여(롬 10:10) 구원을 얻는 것입니다."

이렇게 가르치지 않겠습니까? 그런데 왜 자아의 죽음에 대해서는 성질도 없어지고 정욕도 다 없어져야 믿겠다고 하십니까? 만일 나의 성질, 나의 정욕과 음란이 다 없어지고 나면 그때 내가 진짜 죽은 것이 맞다고 믿겠다는 분이 있습니까? 그러면 평생 이 복음을 한 번도 믿어보지 못하고 생을 마치게 될 것입니다.

먼저 믿음으로 취하십시오. 그래야 비로소 경험하게 됩니다. 자아의 죽음 역시 육신을 가진 자신을 보지 말고 오직 하나님의 약속의 말씀을 믿어야 합니다. 그 믿음으로 고백할 때, 자아의 죽음이 누려지는 것입니다.

나의 죽음이 분명한가?

언젠가 교회에서 저에 대한 안 좋은 소문이 돌았습니다. 저는 교인들에게 소문이 다 퍼지고 난 다음에야 알았습니다. 그것도 그 이야기를 듣고 너무 충격을 받아 교회를 떠나기로 결심했다는 새 가족의 전화를 통해 알게 되었습니다.

"저는 목사님에 대해 너무 실망했습니다."

"무슨 말씀이신지요?"

"교인들이 다 이러이러하다고 이야기를 하던데요."

"아니 누가 그런 이야기를 합니까?"

저는 정말 견딜 수 없는 충격이었어요. 그런 말도 안 되는 거짓 소문을 낸 사람도 문제지만 그것을 그냥 듣고 믿고 다른 사람에게 전한 교인들을 생각하니 저는 목회할 마음조차 다 잃어버렸습니다. 그렇지만 하나님은 제게 그 일에 대해 아무 말도 하지 말라고 하셨어요. 저는 그 소문에 대해 떳떳하니까 누가 그런 말을 퍼뜨리기 시작했는지 그 사람을 찾아내고 싶었습니다. 하지만 하나님은 아무 말 하지 말고 가만히 있으라고 하셨습니다.

나에 대해 오해하고 있는 사람들을 뻔히 보면서 그것을 그대로 다 받아내야 하니까 정말 속이 터져서 죽을 것만 같았습니다. 아무 기도도 나오지 않았습니다. 그런데 그때 불현듯 떠오른 것이 이 죽었다는 말씀이었습니다.

"나는 죽었습니다. 주님. 저는 예수님과 함께 이미 죽었습니다."

그것밖에는 할 말이 없었습니다. 그런데 그 고백을 한 열 번쯤

했을까요? 내게 죽음이 임하는 경험을 했습니다. 죽음은 내게 주어지는 것입니다. 이미 이루어진 것을 내가 받아들이는 것입니다. 내가 죽었다는 고백을 하자 미움도, 섭섭함도, 억울함도, 괴로워 죽겠는 마음도 순식간에 다 사라지고 정말 놀라운 평안이 임하는 것을 경험했습니다.

'이게 죽는 거구나!'

그러고 나니 아무것도 문제될 것이 없었습니다. 사람들이 아무리 얼토당토않은 말을 해도 내가 한 게 아니니까 상관이 없고 아무런 변명도 하지 않고 지난 뒤 사실이 밝혀졌을 때 저는 친밀함으로 성도들과 하나가 될 수 있었어요. 놀라운 승리였습니다. 제가 누가 그런 소문을 퍼트렸는지 따지고 물었다면 저는 그 교회에서 목회하지 못했을 겁니다. 만일 제가 그 날 죽지 않았다면, 목회 자체가 무너졌을 겁니다. 그날 저 자신에 대해 죽었기 때문에 저는 살았습니다. 예수 그리스도 안에서 죽은 사람은 주님이 책임지고 살려내십니다.

우리는 예수님 안에서 삽니다. 예수님이 우리 안에 오셨습니다. 그런데 왜 그것을 경험하지 못합니까? 바로 나의 죽음이 분명하지 않기 때문에 그렇습니다. 예수님의 생명의 역사는 그냥 나타나는 것이 아닙니다. 나의 죽음이 분명해야만 비로소 주님의 생명이 드러납니다.

스스로 해결할 수 없는 문제

저는 설교에 대한 열등감이 심했던 사람입니다. 성격이 매우 내성적이라 사람들 앞에 서는 것 자체를 힘들어 했던 사람입니다. 저는 혼자 있으면 몇 날 며칠도 행복합니다. 그러나 사람들과 이야기를 나누면 너무너무 피곤해지는 스타일입니다. 그런 제가 목사가 되려고 보니 다른 걱정은 없는데 교인들 앞에 나서서 계속 설교를 해야 한다는 것이 여간 부담스럽지 않았습니다.

신학교 1학년 때 일입니다. 제가 실습 나간 교회에서 어린이 부서 예배 시간에 설교를 하게 되어 나름대로 설교문을 준비해서 어린이들 앞에 서서 설교를 했습니다. 그런데 아이들이 다 뒤집어졌습니다. 성령의 역사로 그렇게 된 것이 아니라 제 부산 사투리 때문이었습니다.

아버지가 부산에서 목회를 하셨기 때문에 저는 부산에서 초등학교, 중학교, 고등학교를 졸업한, 완전히 부산 사람이었습니다. 부산 사투리로 서울 아이들에게 설교를 하니까 아이들이 제가 말 한마디만 하면 따라 했습니다. 옆에 앉은 친구를 때려가면서 웃고 따라 하는 것입니다. 그렇지 않아도 성격이 내성적인데 아이들이 그렇게 반응하자 저는 거의 패닉 상태가 되었습니다. 설교를 시작하긴 했는데 도무지 마칠 수 없게 되었어요.

'내가 설교하면 사람들이 웃어?'

그때 제 안에 설교에 대한 열등감이 심하게 자리잡았습니다. 저에게는 그것이 심각한 문제였어요. 지금도 설교할 때 제가 특별히 우스운 이야기를 하지 않았는데 누군가 빙긋이 웃고 있으면 '또 나를 무시하는구나' 하는 생각이 듭니다.

'무슨 이유인지는 몰라도, 하여튼 내가 또 무시당할 만한 그런 말을 했나 봐. 내 어떤 말에 저 사람이 저렇게 웃는 걸까?'

설교에 대한 열등감을 해결해보려고 무던히 애도 썼습니다. 지금은 부산 사투리 억양까지 고치려고 하지 않으니까 배어 나오기는 하지만 신학교 1학년 때 사투리를 서울 표준말로 완벽하게 고쳤습니다. 1년 동안 밤마다 라디오를 들어가면서 아나운서의 멘트를 일일이 따라 하고 연구해가며 바꿨습니다. 그렇지만 설교의 열등감만은 해결되지 않았습니다. 여러 목사님들의 흉내를 내보기도 했지만 더 어색하고, 설교를 듣다보면 은혜가 되는 것이 아니라 화가 나는 것을 어떡합니까?

"아, 저 목사님은 왜 저렇게 말을 잘하지…."

열등감을 십자가에 못 박다

그러나 하나님께서 저의 설교에 대한 열등감을 말씀으로 고쳐 주셨습니다.

> 그러나 하나님께서 세상의 미련한 것들을 택하사 지혜 있는 자들을 부끄럽게 하려 하시고 세상의 약한 것들을 택하사 강한 것들을 부끄럽게 하려 하시며 하나님께서 세상의 천한 것들과 멸시 받는 것들과 없는 것들을 택하사 있는 것들을 폐하려 하시나니 이는 아무 육체도 하나님 앞에서 자랑하지 못하게 하려 하심이라 고전 1:27-29

어느 날 제가 큐티를 하는데 이 말씀을 읽었습니다. 그 순간 가슴이 답답했습니다. 무슨 말씀인지는 알겠는데 믿어지지 않았습니다. 이 말씀이 믿어지십니까? 마음에 받아들여지나요? 진짜 하나님이 약한 자를 쓰실까요? 미련한 자, 약한 자, 천한 자, 멸시 받는 자를 하나님이 더 크게 쓰실까요? 정말 그렇게 믿어지십니까?

그렇다면 학교 성적이 형편없으면 진짜 감사해야죠! 하나님이 주목하시는 자니까 말입니다. 교수님으로부터 무시당하는 사람은 캠퍼스를 당당하게 활보하고 다녀도 되죠! 세상에서 멸시받는 자니까 말입니다. 이 말씀을 진짜 믿는다면, 사람들로부터 칭찬받는 사람, 똑똑하다는 칭송이 자자한 사람은 하나님이 나를 버리신 게 아닌가 금식기도 들어가야 할 판입니다. 진짜 그렇게 믿어지십니까?

'하나님이 설교자를 쓰실 때 말 잘하는 자를 더 잘 쓰시고, 이왕이면 말 잘하는 자를 통해 더 크게 역사하실 수 있지, 어떻게 말을 더듬고, 사투리를 쓰고, 말만 하면 사람들이 비웃는 그런 사람을 쓰실까?'

저는 그런 생각만 들었지 이 말씀이 믿어지지 않았습니다. 그 후 3일 동안 큐티를 할 수 없었습니다. 왜냐하면 제 마음속에는 이 말씀과 전혀 다르게 굳어진 생각이 있었기 때문입니다.

"공부 잘해야 한다. 실력이 있어야 한다. 남보다 뛰어나야 한다. 그래야 쓰임 받는 사람이 된다."

제가 어릴 때부터 들은 말입니다. 이것이 제 자아를 형성하고 있었습니다. 목회도 공부의 연장으로 남보다 뛰어나야 한다는 경쟁과 비교의식, 열등감에 휩싸여 살아온 저는 당연히 하나님도 그렇게 말씀하실 줄 알았던 것입니다.

3일째 되던 날 저는 이 말씀이 이해하고 믿을 수 있는 말씀이 아니라는 것을 깨달았습니다. 믿지 않으면 이 말씀을 경험해볼 수 없다는 것을 알았고 저는 무릎을 꿇었습니다. 그리고 이 말씀을 가슴에 품었습니다. 그리고 한마디 기도를 했습니다.

"하나님, 이제는 제가 이 말씀을 믿겠습니다."

그런 다음 성경책을 가슴에 끌어안은 채 바닥에 고꾸라져 울었습니다. 내가 왜 우는지 잘 모른 채 그냥 걷잡을 수 없이 눈물이 터져 나왔습니다. 내 마음속에 가득한 억눌림, 평생 져온 열등감의 멍에가 꺾어지는 순간이었습니다. 그렇게 울고 나니 가슴이 뻥 뚫리는 것처럼 시원해졌습니다.

"난 이제부터 믿기로 했어. 이제 누구 설교 흉내 같은 건 안 낼 거야. 또 설교를 잘하려고 노력하지도 않을 거야. 하나님이 나 같은 사람도 쓰신다는데…. 말도 버벅거리고 재미있는 말도 못하지만 그래도 하나님이 쓰신다면 됐지 뭐."

그 후로 저는 꾸며서 하려고 하지 않고 그냥 하나님이 주신 대로 평소 말하듯이 설교하기 시작했습니다. 교인들에게도 제가 뭘 잘한다는 이야기를 할 필요가 없으니 제가 잘못하고 실수한 일, 나의 연약한 모습을 그대로 고백했습니다. 그런데 교인들이 제가 잘한 이야기를 할 때보다 제가 실수한 이야기를 더 좋아했습니다. 그러니 굳이 뭘 잘할 필요도 없습니다. 저의 약한 데서 더 큰 은혜를 받는 교인들을 보며 사람을 보는 저의 눈도 달라졌습니다

다. 약한 사람, 무능한 사람, 잘못한 사람에게 더 시선이 가게 되었습니다.

십자가를 통과한 사람을 쓰시는 주님

그런데 놀라운 것은 여기저기서 말씀을 전해달라는 요청이 들어오기 시작했다는 것입니다. 그 이유를 정확히 다 알 수는 없지만 한 가지 분명한 사실을 고백할 수 있습니다. 제 속의 열등감이 꺾이고, 실력 있어야 하고 남보다 뛰어나야 하고 무시당해서는 안 된다는 고정관념이 십자가에 못 박히고, 주님이 나를 쓰신다는 사실을 진심으로 받아들이게 되자 그때 비로소 주님이 하신 일이라는 것입니다.

예수님을 믿는다는 것은 놀라운 일입니다. 하나님의 나라를 위해 쓰임 받기 합당한 사람이 있습니다. 하나님의 나라를 보는 눈이 열린 사람입니다. 그것은 정확하게 십자가를 통과한 사람입니다. 십자가를 바라보기만 해서는 하나님나라가 있는지도 모르고, 하나님나라의 통치에 대해서도 모르고, 하나님나라의 영광도 모릅니다. 그저 바라보기만 해서는 도무지 알 수 없고 그 십자가를 통과해야만 하는데, 십자가를 통과한다는 것이 '나는 죽었고 예수님으로 사는' 것입니다!

십자가를 바라보기만 하는 '나'는 죽은 것이 아닙니다. 주님의 말씀대로 살아보려면 '나는 죽고 예수로 살아야' 합니다. 내가 죽지 않은 상태에서 목회하고, 내가 죽지 않은 상태에서 주(主)의 일을 하려고 한다면 하나님의 영광이 드러날 수 없습니다. 우리가 주님 앞에 서는 날에 알게 됩니다.

"너는 네 나름대로 열심히 했는지 모르지만, 나는 한 번도 너를 써본 적이 없다."

이것처럼 두려운 말이 어디 있습니까? 평생 하나님을 위해 일했다 하더라도 내가 예수님을 주님으로 영접한 것, 내가 죽고 예수로 사는 것이 분명하지 않으면 모든 노력이 다 헛수고요 시간 낭비입니다. 가장 중요한 것은 나와 주님과의 관계입니다.

"예수님을 내 마음에 영접했는가?"

"내가 예수님과 함께 죽었음을 받아들이는가?"

그것을 믿고 고백할 때만이 예수님이 진짜 나의 생명이시며 내 주님이 되십니다. 예수님과의 사이에 이 점이 분명해지기 바랍니다.

LET'S PRAY 이제 더 이상 나 자신에 매여서 살지 않기를 원합니다. 우리 주님의 영광 가운데 들어가기를 원합니다. 주님과 동행하는 놀라운 삶을 이제는 시작하기 원합니다. 아버지 하나님, 나의 마음에 오시옵소서. 제가 진심으로 주님을 영접합니다. 내 마음의 왕이 되셔서 내 마음에 언제나 함께하소서. 제가 언제나 주님을 바라볼 것입니다. 예수님이 나의 주님이 되실 것입니다. 나는 이미 죽었습니다. 주님이 행하신 일을 노래할 것입니다. 예수님과 함께 죽었음을 노래할 것입니다. 평생 이 복음을 외치고 살겠습니다. 우리가 할 수 있는 것은 그것 하나밖에 없음을 깨달았습니다. 예수님으로 사는 자가 되게 하소서. 우리 마음 안에 하나님의 나라를 이루소서. 예수님의 왕 되심이 이루어지게 하소서. 예수 그리스도의 이름으로 간절히 기도하옵나이다. 아멘.

PART **2**

예수님과 동행

예수님이 나와 함께 계신다는 것을 믿고 바라보기만 해도 주님은 우리를 통해 엄청난 일을 하십니다. 주님을 바라볼 수 있으면 됩니다. 그러면 말씀대로 살 수 있습니다.

또 이르시되 너희 중에 누가 벗이 있는데 밤중에 그에게 가서 말하기를 벗이여 떡 세 덩이를 내게 꾸어 달라 내 벗이 여행 중에 내게 왔으나 내가 먹일 것이 없노라 하면 그가 안에서 대답하여 이르되 나를 괴롭게 하지 말라 문이 이미 닫혔고 아이들이 나와 함께 침실에 누웠으니 일어나 네게 줄 수가 없노라 하겠느냐 내가 너희에게 말하노니 비록 벗 됨으로 인하여서는 일어나서 주지 아니할지라도 그 간청함을 인하여 일어나 그 요구대로 주리라 내가 또 너희에게 이르노니 구하라 그러면 너희에게 주실 것이요 찾으라 그러면 찾아낼 것이요 문을 두드리라 그러면 너희에게 열릴 것이니 구하는 이마다 받을 것이요 찾는 이는 찾아낼 것이요 두드리는 이에게는 열릴 것이니라 너희 중에 아버지 된 자로서 누가 아들이 생선을 달라 하는데 생선 대신에 뱀을 주며 알을 달라 하는데 전갈을 주겠느냐 너희가 악할지라도 좋은 것을 자식에게 줄 줄 알거든 하물며 너희 하늘 아버지께서 구하는 자에게 성령을 주시지 않겠느냐 하시니라 눅 11:5-13

예수님만 구하십니까?

우리나라에 굉장한 성령의 역사가 있었던 때를 아실 것입니다. 그때 하나님이 강력한 성령의 역사로 사용하신 목사님의 글입니다.

이상합니다. 웬 힘이, 웬 불이, 웬 능력이 그리도 많은지 미처 몰랐습니다. 지구를 회전시킬 것 같은 능력이 어디서 일어나서 나를 정복하고 무릎 꿇게 하는지 도저히 알 수가 없습니다. 웬일입니까? 제 안에서 원자의 불같이, 핵의 불같이 마구 붙습니다. 무쇠덩이리도 녹일 듯한 그의 강하신 불이 나를 태우기에 내가 소리칩니다.

참으로 신기합니다. 소멸의 불같이 밤새도록 타올라서 모두 타서 없어졌을 것 같은데 동이 트면서 나를 살펴보면 나는 여전히 존재합니다. 영과 육이 하나 되어 주님을 찬양하고 있는 나, 겸손히 무릎 꿇고 흐느끼는 나, 영혼 저 깊숙한 곳에서 '주여' 하는 나만이 남아 있습니다. 죄악된 것은 밤새 다 타버렸나 봅니다. 필요 없는 것은 몽땅 타서 재가 되어 날아가버린 모양입니다.

이상한 기쁨이 나를 덮습니다. 은혜의 물결이 파도같이 몰려옴을 느낍니다. 그가 기도하면 나도 기도하고, 그가 찬송하면 나도 찬송하게 되는데 피곤할 것 같은데 피곤치 않습니다. 병 들 것 같은데 더욱 샘솟듯 하는 새 힘이 생깁니다. 그러나 괴로울 때도 있습니다. 핍박과 비난의 소리가 높이 들려올 때가 있습니다. 그때 주춤하는 나에게 소리칩니다.

"핍박을 받으라."

핍박을 받으라 하였으니 두려워하지는 말랍니다. 마지막 심판대 앞에 서서 보라는 것입니다. 그가 명령하시고 책망하시기에 따라가기로 했습니다. 이 밤도 벌써 훤히 밝아옵니다. 동이 트나봅니다. 신령한 그날, 주님의 재림의 그 날도 이토록 동이 트고 환히 밝아오기를 기다려집니다.

구하는 자에게 성령을 주시지 않겠느냐

이분이 경험한 그날 밤의 놀라운 주님의 임재하심, 그리고 눈이 열려서 하나님의 나라를 바라보는 이 놀라운 체험이 참 부러웠습니다. 저도 이 목사님과 같은 체험을 한 번 해보고 싶다는 생각이 들었습니다. 예수님을 일대일로 만나는 것 같은 그런 친밀한 체험을 흔히 성령 충만의 체험이라고 하는데 그런 체험을 사모하는 마음들이 아마 다 있을 것입니다.

그렇습니다. 주님을 만나셔야 합니다. 그런데 우리의 눈이 열려서 하나님의 나라가 정말 있고, 주님이 분명히 왕으로 나와 함께 계신다는 사실을 '아는 것'과 '실제로 체험하는 것'은 엄청나게 다릅니다. 그러면 어떻게 그 주님을 친밀히 만나고 성령의 충만함을 받을 수 있을까요?

우리가 주님의 친밀함을 생생히 경험하는 이 복을 받는 데는 어려운 조건이 하나 붙습니다. 그 조건은 가르쳐드리기 주저될 만큼 어렵습니다. 너무 어려워서 차라리 안 듣고 안 하는 게 나을 수도 있겠다고 하실 분도 있을 정도입니다. 알면 부담스러워서 저를 원망하실 분도 있을 것입니다.

그것은 누가복음 11장 13절 말씀입니다.

너희가 악할지라도 좋은 것을 자식에게 줄 줄 알거든 하물며 너희 하늘 아버지께서 구하는 자에게 성령을 주시지 않겠느냐 하시니라 눅 11:13

어떻게 하면 우리가 예수님을 친밀하게 만나고 성령의 충만함을 얻을 수 있는지 성경은 이렇게 말씀하고 있습니다. 우리 하나님은 '구하는 자에게' '성령 충만함을' 주시는 분입니다. 그러니까 "예수님, 저는 주님을 친밀히 만나기 원합니다"라고 구하라는 것입니다.

구해도 안 주신다?

정말 어렵습니까? 하지만 이 말씀이 너무 쉽다는 생각이 든다면 그것도 문제가 있습니다. 이 말씀이 너무 쉽다면 어쩌면 아직도 구하는 것이 무엇인지 잘 모르는 것입니다. 여기에 주님과 우리 사이에 어려운 문제가 있습니다. 저도 처음에 이 누가복음 11장의 '구한다'는 말씀이 마음에 와 닿지 않았습니다. 왜냐하면 구해도 안 주시기 때문입니다.

우리가 성령 충만에 대한 심각한 오해가 있습니다. 그것은 나는 구하는데 주님은 안 주신다는 것입니다. 그런데 실제로 우리가 무엇을 당연히 받아야 하는데 받지 못했다면 우리는 가만히 있지 않습니다. 리포트를 잘 썼는데 F학점을 받았거나 등록금을 냈는데 다시 내라고 한다거나 병원에서 이유 없이 진료를 거부당했다면 반드시 따질 것입니다. 그러면 왜 성령 충만은 그렇게 하지 않느냐는 것입니다.

우리 가운데는 성령의 충만함을 경험한 분도 있고, 성령의 충만함을 다시 회복하기 원하는 분도 있고, 그런 경험을 전혀 해보지 못했지만 나도 꼭 한번 주님을 만나고 성령님에게 완전히 사로잡히는 체험을 하기 원하는 분도 있고, 그동안 여러 차례, 여러 집회에서 구했지만 주님이 안 주셨다는 분도 있을 것입니다. 구하고도 받지 못했다는 그런 좌절감이 있을 수 있습니다. 저도 그랬습니다.

목회를 해보니까 하나님 앞에 성령의 충만함을 간절히 구하게 되었습니다. 성령의 충만함이 없이는 목회 현장에서 아무것도 할 수 없다는 것을 깨닫기 때문입니다. 그래서 온 교우들에게 성령의 충만함을 받기 위해 기도하자고 했습니다. 저는 이 말씀 그대로 주님이 주실 줄 알았습니다. 왜냐하면 우리가 구하기 때문입니다. 그러나 시간이 지나도 우리가 기대하던 성령의 충만함은 느낄 수 없었고, 결국 제 마음에 이런 생각이 들었습니다.

'하나님, 구해도 안 주시잖아요?'

그때 하나님께서 저에게 이런 질문을 던지셨습니다.

"너희가 정말 구하는 것이냐? 너희들이 구하지 않는다!"

저는 매우 혼란스러웠습니다. 우리는 분명히 구하는데 하나님은 구하지 않는다고 말씀하시니 말입니다. 그때 제 안에 '아, 내가 구하는 것이 무엇인지 잘못 생각하고 있구나'라는 것이 깨달아졌습니다. 실제로 장로님들을 비롯하여 교우들에게 정말 성령 충만함을 구하는지 물어봤습니다. 그러나 사실상 그렇지 않았습니다. 당신이 정말 원하는 것이 뭡니까? 성령 충만함을 구하십니까? 예수님을 인격적으로 만나기 원하십니까? 자신이 그것을 정말 원하는지 분명히 점검해보시기 바랍니다.

주님밖에 구할 것이 없다!

저희 교인 중에 사업을 하시다가 은행 융자를 받아야 하는 다급한 사정이 생겨서 교회 기도회에 참석한 분이 있었습니다. 기도회 시간에 여러 기도 제목으로 합심기도 하였지만 나라를 위해서 기도하건, 교회를 위해서 기도하건, 병자를 위해서 기도하건 어떤 기도 제목으로 기도하건 간에 그는 "하나님, 융자 받게 해주세요"라고 기도했다고 합니다.

"목사님, 융자가 나왔어요!"

집사님은 이렇게 기도해서 융자가 나왔다고, 기도에 응답받았다고 기뻐서 저에게 전화를 하셨습니다. 자초지종을 듣고 전화를 끊고 막 일어서려는데 주님이 제 마음에 말씀하셨습니다.

"이제 구하는 것이 뭔지 알겠느냐?"

만일 자신이 암이라는 진단을 받았다면 그때부터는 기도를 하라 마라 할 필요가 없습니다. 새벽기도, 철야기도, 금식기도를 한다고 해도 기도의 내용이 달라지겠습니까? "주님, 제 병을 고쳐주십시오"라고 끊임없이 이 기도만 나올 것입니다. 주님은 그것을 구하는 것이라고 말씀하십니다.

하나님은 우리가 구하는 것이 무엇인지 아십니다. 자기 자신이 정말 성령 충만을 원한다고 믿으십니까? 진정으로 예수님을 친밀히 만나기를 원하십니까? 그러나 문제는 주님도 우리가 그것을 간절히 원한다고 인정하실 수 있느냐 하는 것입니다. 주님은 우리의 기도를 다 들으십니다. 우리가 진짜 구한다면 언제나 그 기도가 나오고 가장 먼저 나올 것입니다. 누가 기도하라고 하기 전에 스스로 기도하는 시간을 가질 것입니다. 밤이나 낮이나 한결같이 구할 것입니다.

나는 죽고 예수로 사는 그리스도인이라면, 내가 죽었다면 그 다음으로 구할 것은 예수님밖에 없습니다. 예수님을 그렇게 구하십니까? 기도만 하면 "저는 주님을 원합니다. 저는 주님을 만나기 원합니다. 주님, 저와 함께 계시지요? 저는 주님을 더 알기 원합니다. 저는 주님으로 충만하기를 원합니다"라고 기도가 나옵니까? 밥을 먹어도, 밤에 잠을 잘 때도, 새벽에 잠에서 깨어서도, 길을 걸을 때도, 옆 사람과 대화를 나누면서도 늘, 주님은 물론이고 다른 사람들까지 다 느낄 정도로 그렇게 간절히 주님을 구하십니까?

그런데 주님이 보시기에 우리는 '주님'을 구하지 않습니다. 우리가 구하는 것이 있습니다. 능력 받는 것을 구합니다. 좋은 목회 임지를 구합니다. 설교 잘하기를 구합니다. 건강하기를 구하고 좋은 배우자 만나기를 구합니다. 자녀가 잘되기를 구합니다. 성령 충만을 구한다고 하면서도 예수님 아닌 다른 것을 구할 때가 얼마나 많은지 모릅니다. 내가 정말 '주님'을 구하는 것인지 아니면 주님으로부터 '무엇'을 구하는 것인지 확실히 하시기 바랍니다.

백지위임

내가 너희를 고아와 같이 버려두지 아니하고 너희에게로 오리라… 그 날에는 내가 아버지 안에, 너희가 내 안에, 내가 너희 안에 있는 것을 너희가 알리라 요 14:18-20

오직 성령이 너희에게 임하시면 너희가 권능을 받고 예루살렘과 온 유대와 사마리아와 땅끝까지 이르러 내 증인이 되리라 하시니라 행 1:8

분명히 성령을 주신다는 이 약속은 제자들에게만 하신 말씀이 아닙니다. 이런 분명한 약속을 받았으면 실제로 그것을 누려야 하는데 그렇지 못하고 있다면 왜 내게는 안 주시는지 구하는 것이 마땅하지 않나요? 문제는 우리 안에 그런 갈급함이 없다는 것입니다.

어느 목사님이 성찬식을 집도하다가 참회의 기도 시간이 되었습니다. 막상 기도하려고 보니 무엇을 회개해야 할지 언뜻 생각이 나지 않았다고 합니다. 제가 아는 이 목사님은 훌륭한 분입니다. 정말 신실하고 성실하고, 자신의 아이도 있지만 입양한 아이까지 기르고, 여러 면에서 모범적인 분이십니다. 그가 참회의 기도 시간에 마땅히 회개할 제목이 떠오르지 않아 당황하셨다는 말씀이 저로서는 충분히 이해가 되었습니다. 그럴 수 있겠다는 생각이 듭니다. 뭘 회개해야 할지 주님께 여쭙자 주님이 생각나게 하시는 죄가 있었다고 합니다. 담임 목회를 준비하고 계신 목사님에게는 하나님께 구하는 기도 제목이 한 가지 있었습니다.

"다른 건 아무것도 구하지 않아요. 하나님, 저 아무것도 구하지 않습니다. 그래도 우리 가족들이 먹고살 수는 있어야 하잖아요? 그러니까 그 교회에서 우리 가족들이 생활할 수 있고 제 아이들이 고등학교 다닐 때까지 학비를 뒷바라지 해줄 수 있으면 좋겠습니다. 교회에서 그 정도 지원해줄 수 있는 조건이라면 저는 어디든 좋습니다."

목사님은 그간 이런 소박한 기도를 드려왔다고 합니다. 그런데 목사님께서 울먹이며 고백하십니다.

"소박한 욕심은 욕심이 아닌 줄 알았습니다. 목사도 남편이고 아버지인데, 그 정도는 당연히 기도해도 되는 줄 알았습니다."

저는 그 목사님이 교회와 목회를 위해 기도할 때 그 정도쯤 되는 교회라면 어디든지 좋다고 기도할 만하다고 생각했습니다. 우리의 당면한 문제니까 말입니다. 그런데 목사님이 성찬을 받기 전 주님의 십자가 앞에 섰을 때 주님은 생활비, 자녀들의 학비, 그것조차 내려놓으라고 하셨습니다. 그때 목사님은 이렇게 기도했노라 하십니다.

"아, 제가 주님 앞에 온전히 믿고 다 맡기지 못했습니다. 주님, 제가 백지위임(白紙委任) 합니다. 어떤 조건도 붙이지 않겠습니다. 모든 것을 맡겨드립니다. 생활비를 포기합니다. 아이들의 학비? 주님, 저 그것도 원하지 않습니다."

주님을 모르니까 구하는 기도

혹시 이 이야기를 듣는 순간 이런 생각이 드신 분이 있습니까?

"목사님, 그건 너무하잖아요. 주님이 그렇게까지 요구하시는 건 너무하네요."

아무리 목사라도 먹고 살아야 하고, 아이들도 길러야 되는데, 목회 임지를 찾을 때 그 정도쯤은 구해도 되지 않느냐는 생각이 드신다면 그 이유는 하나입니다. 아직도 예수님을 직접 만나지 못한 상태에 있기 때문입니다.

어느 형제가 자매에게 자신과 결혼해달라고 프러포즈 한다고 생각해보십시오. 그러자 자매가 형제의 프러포즈를 받아들였습니다. 그리고는 형제에게 아주 작은 욕심이 하나 있다고 고백합니다.

"결혼하면 먹여는 주실 거죠?"

순간 얼마나 분위기가 썰렁해질까요? 물론 너무나 소박한 욕심입니다. 하지만 내가 당신에게 시집가면 다른 것은 아무것도 바라지 않으니 먹여만 달라는 말이 그 형제에게 감동이 될까요? 남자에게 있어서 그 말은 그야말로 죽음이지요.

초등학교에 들어간 자녀가 입학식을 마치고 나서 부모님께 진지하게 이렇게 말한다면 어떨까요?

"지금까지 저를 길러주신 것만도 감사한데 제가 뭘 더 바라겠습니까? 그저 제가 고등학교 졸업할 때까지 학비 정도만 지원해주시면 저는 아무것도 더 원하는 게 없습니다."

부모를 극진히 생각하는 효자입니까? 이 말이 부모를 기쁘게 하지 못하는 것처럼, 하나님의 종이 되어 목회 임지를 구하는 조건으로 그냥 먹여만 달라든지, 자녀들을 고등학교까지만 보내주시면 더는 원하는 게 없다고 구하는 것이 어떻게 주님을 기쁘시게 할 수 있겠습니까? 우리가 주님을 모르니까 그렇게 구하는 것입니다. 우리가 주님을 알면 자신을 위한 어떤 요구 조건도 없어집니다. 진심으로 예수님 한 분이면 충분해집니다.

유일한 갈망이자 만족

18세기 스코틀랜드의 제임스 프레이저 목사님의 사모님은 악처(惡妻)로 유명합니다. 저녁에 집에 돌아온 목사님은 사모님이 있는 방으로 들어가지 못합니다. 만나기만 하면 악담을 퍼붓고 잔소리가 심한 사모님과 부딪치기를 꺼려 곧바로 서재로 향하기 때문입니다. 사모님이 나중에 그 사실을 알고 서재에 등잔의 기름도 석탄도 넣어두지 않았습니다. 캄캄하고 추운 서재에서 목사님은 계속 팔을 굽혔다 폈다 하고, 쪼그리고 앉았다 일어났다 하며 지낼 정도였다고 합니다. 사모님은 그토록 목사님을 어렵게 하셨습니다.

그러던 어느 날 목사님들끼리 모여서 이야기를 나누는데 아내 자랑이 주제였습니다. 여러 목사님들이 하나같이 사모님들이 얼마나 자신을 잘 섬겨주는지 자랑하자 프레이저 목사님도 아내 자랑을 하기 시작했습니다.

"제 아내가 여러분들의 아내보다 저에게 훨씬 더 잘합니다."

프레이저 목사님의 사모님이 악처라는 것을 잘 아는 다른 목사님들이 깜짝 놀랐습니다. 그러자 프레이저 목사님이 말했습니다.

"저에게 하루에 일곱 번씩 기도하지 않으면 안 되게 만들어주는 아내, 여러분은 그런 아내가 있습니까? 그런 아내는 쉽지 않아요."

프레이저 목사님이 아내를 깎아내리거나 빈정거리기 위해 한 말이 아닙니다. 그 분은 진심으로 아내에게 감사했습니다. 하루에도 일곱 번씩 기도하지 않으면 안 될 만큼 자신을 힘들게 하는 아내지만 그런 아내가 있었기에 지금의 자신이 있다고, 하나님께서 자신에게 아주 특별한 아내를 주셨다고 믿고 감사했습니다.

그러면 어떻게 그것이 가능합니까? 아내로부터 기쁨을 얻을 필요가 없을 만큼 예수님께서 그에게 기쁨을 주셨고 그 기쁨을 누리는 분이었기 때문입니다. 프레이저 목사님 안에 예수님은 정말 살아 계셨고, 예수님 한 분으로 충분하다는 고백을 받으시기에 합당한 그런 분이었습니다. 그러니까 아내에게 뭘 요구할 것도 없고 그렇게 힘들게 하는 아내라도 감사함으로 받을 수 있었던 것입니다.

예수님 한 분이면 충분하며 그분 외에 더 필요할 게 없다는 것을 우리가 모릅니다. 그러니까 구하지 않는 겁니다. 이따금 정말 주님을 만났으면 좋겠다거나 성령의 충만함이 뭘까 하는 호기심이 생길 수도 있습니다. 하지만 그것은 구하는 것이 아닙니다. 우리가 예수님 한 분만을 정말 구하기 원합니다. 그것만이 우리의 유일한 갈망이자 기도의 제목입니다.

좌절과 실패의 축복

마가의 다락방에서 120문도가 주님의 약속을 기다리고 있었습니다. 성령으로 세례를 받으리라는 주님의 약속을 기다리며 정말 간절히 기도했습니다. 열흘째 기도했을 때 그들 가운데 성령이 임했는데 실제로 열흘은 대단한 시간입니다. 열흘 만에 주실 줄 알았다면 기다릴 수 있을지 모르지만, 언제 주실지 모르고 마냥 기다리기에 열흘은 결코 짧은 시간이 아닙니다.

보통 수련회도 3일이면 끝나서 집으로 학교로 교회로 돌아갑니다. 그렇기 때문에 무사히 잘 마칠 수 있습니다. 하지만 언제 끝날지 알 수 없는 수련회를 한 번 생각해보십시오. 우리가 언제 끝나는지 알 수 없고 성령을 받아야 끝나는 수련회에 참석했다면 아마 첫째 날 밤부터 갈등을 느끼는 분들이 생길 것입니다. 하루가 지나고 이틀이 지나도 아무 일이 일어나지 않았습니다. 닷새가 지나도 아무 일도 일어나지 않는데 그냥 남아 있다면 그것은 기적입니다. 어떻게 기약 없는 약속만 믿고 무작정 기다릴 수 있겠습니까? 그러면 그들은 어떻게 기다렸을까요?

저는 개인적으로 베드로 때문이 아니었을까 하는 상상을 해봅니다. 베드로는 예수님을 세 번이나 부인했습니다. 그는 결심한다고 뜻대로 되지 않는다는 것을 그때 철저히 깨달았을 것입니다. 주님을 만나 3년 동안 주님을 따르고 같이 살았어도 한순간에 주님을 부인하고 저주할 수 있음을 경험한 베드로는 주님이 말씀하신 그 성령을 받지 않고서는 아무것도 할 수 없음을 절감한 사람입니다.

"뭔지 몰라도 지금은 아닌가 봐요."

"기도해도 안 주시나 봐요."

다같이 모여 기도했지만 3일이 지나고 5일이 지나고 일주일이 지났는데도 아무 일이 일어나지 않자 다들 얼마나 술렁거렸겠습니까? 그때 베드로가 "성령 받지 못하면 우리는 아무것도 아니에요. 아무것도 할 수 없어요" 이렇게 말하지 않았을까요? 이제는 성령의 능력을 힘입는 것이 죽고 사는 문제였기에 베드로라면 열흘이 아니라 열 달이라도 기다리지 않았을까요?

주님 없이 아무것도 할 수 없다는 사실을 처절히 깨달은 실패야말로 축복입니다. 나는 할 수 없다는 자신에 대한 좌절이 놀라운 축복입니다. 그래서 나는 죽고 예수로 사는 복음이 복음 되는 것입니다.

내가 이미 죽었다는 복음

자기 자신에 대해 자신이 있는 사람에게 나는 죽고 예수로 사는 복음은 복음이 못 됩니다.

"그렇게 꼭 죽어야 합니까?"

대개 이런 의문을 갖습니다. 왜냐하면 자기 힘으로 할 수 있기 때문입니다. 세상을 살아가면서 유난히 돋보이는 사람을 만날 때가 있습니다. 공부도 잘하고, 얼굴도 잘생기고, 목소리도 좋고, 키도 크고, 정말 하나님이 작품으로 빚으신 것 같은 사람이 있습니다. 모든 조건을 다 갖췄고 모든 면에서 탁월합니다. 그렇지만 이런 사람은 결정적으로 내가 죽어야 한다는 결단을 하기 어렵습니다. 그것은 불행한 일입니다.

사도 바울은 자신의 눈이 뜨이자 자신의 죽음, "내가 그리스도와 함께 십자가에 못 박혔나니"라는 말씀이 그에게 복음이 되었습니다. 자신의 옛 사람이 죽었다는 것이 그에게 환희였습니다. 죄인 중에 괴수인 자신이 예수님이 십자가에 돌아가실 때 같이 죽었다는 복음을 듣고 놀랍니다. 바울 같으면 하나님이 자기에게 일평생 무릎을 꿇은 채 살아가라 그래도 그렇게 할 수밖에 없는 사람인데, 그런 자신이 이미 죽었고 이제는 예수님이 그의 생명이 되셨다는 이 놀라운 복음을 들은 것입니다. 그가 핍박자요 죄인 중에 괴수였기에 복음을 복음으로 받아들인 것입니다.

저는 이 사실을 너무 늦게 알았습니다. 내가 이미 죽었다는 복음을 저에게 제대로 가르쳐준 분이 없었습니다. 비록 늦게 알았지만 저는 그 후에 정말 놀라운 삶을 살고 있습니다.

저는 평범하다고 말하기도 어려울 정도로 못난 사람입니다. 숫기가 없어 사람들 앞에 서면 말도 제대로 못하고 어느 누구의 눈에도 띄지 않던 부산 영도의 섬 소년입니다. 운명적으로 목사가 되어야 한다는 억눌림에 갇혀서 자신이 속으로 얼마나 병들었는지 제대로 알지 못한 채, 사람들 눈에 모범적으로 살면 되는 줄로 생각하고 살았습니다. 정말 착하고, 용기 없고, 두려움과 염려가 많고, 사람들 앞에 나서기 부끄러워하던 그런 사람이었기에 제게 '나는 죽고 예수로 사는 복음'이 참 복음이었습니다.

자신에 대해 좌절하셨습니까? 거기에 놀라운 하나님의 기회가 있습니다. 그렇기 때문에 예수님의 생명이 아니고서는 아무것도 할 수 없는 자가 되었습니다. 내가 십자가에 못 박히고 예수님으로 사는 자가 아니고서는 일어설 수조차 없는 사람이 되었습니다. 예수님 한 분과 온전히 하나 되지 않았다면 내게 필요한 것은 아무것도 없다고 외치는 자가 되었습니다. 주님을 갈망하는 자가 되었습니다.

미국에서 만난 목사님 한 분이 제게 이런 말씀을 하셨습니다.

"목사님, 이제 정말 내가 죽기를 기도하겠습니다. 내가 죽은 자되기를 사모하며 살겠습니다."

제가 목사님께 간곡히 말씀드렸습니다.

"목사님, 제발 그렇게 이야기하지 마세요."

많은 분들이 자신이 죽는 것을 목적으로 삼는데, 내가 죽는 것은 목적이 아닙니다. 내가 죽는 것은 시작입니다. 내가 죽어야 비로소 주님이 내 삶을 통하여 주님의 일을 하실 수 있습니다. 죽을 때 가서야 자신이 죽었다는 사실을 믿는 사람은 그 인생 자체가 얼마나 허무한지 모릅니다. 주님은 그런 사람을 쓰실 수 없습니다. 내가 죽고 예수로 사는 것, 그 자체가 목적인 사람은 불쌍한 사람입니다. 그것은 내게 이미 이루어진 일입니다. 그것은 믿음으로 누리는 것입니다. 내가 그리스도와 함께 십자가에 못 박힌 자요, 나는 죽고 예수님으로 사는 자라면 주님은 나를 통해 놀라운 일을 하실 것입니다.

LET'S PRAY 예수님, 우리 가운데 오셔서 우리 마음에 임하셔서 우리가 주님을 갈망하고, 머리로만 하는 것이 아니라 실제로 주님을 알고, 주님과 함께 거닐고, 주님과 함께 먹고, 주님과 함께 살고, 주님을 정말 사랑하는 자로 그렇게 살게 하옵소서. 아무것도 더 원하는 것이 없습니다. 제가 원하는 것은 오직 예수님 한 분이십니다. 구하는 자에게 성령을 주시지 않겠느냐 말씀하신 주님의 약속을 감사히 받습니다. 말씀대로 이루어주실 줄 믿습니다. 예수 그리스도의 이름으로 간절히 기도하옵나이다. 아멘.

내 안에 거하라 나도 너희 안에 거하리라 가지가 포도나무에 붙어 있지 아니하면 스스로 열매를 맺을 수 없음 같이 너희도 내 안에 있지 아니하면 그러하리라 나는 포도나무요 너희는 가지라 그가 내 안에, 내가 그 안에 거하면 사람이 열매를 많이 맺나니 나를 떠나서는 너희가 아무 것도 할 수 없음이라 사람이 내 안에 거하지 아니하면 가지처럼 밖에 버려져 마르나니 사람들이 그것을 모아다가 불에 던져 사르느니라 **요 15:4-6**

CHAPTER 04

예수님 한 분이면 충분합니까?

어떤 청년 형제가 제게 메일을 하나 보내왔습니다.

목사님, 저에게 눈물 날 만큼 이루고 싶은 꿈이 있는데 하나님께서 제 목표와 꿈을 기뻐하지 않으실까 봐 두렵습니다. 제가 성공을 바라는 기도를 하면 왠지 제 기도를 하나님께서 기뻐하지 않으실 것 같아 답답하고 눈물이 나고 낙심도 됩니다. 먼저 그의 나라와 그의 의를 구하라는 말씀이 제게 부담으로 다가옵니다. 하나님께서 원하시는 순종이라는 것이 세상에서 이루고 싶은 꿈을 내려놓고 모든 선택과 판단과 의지를 하나님께 모두 드려야만 하는 것인지, 제 꿈을 포기해야 한다고 생각하면 눈물이 날 만큼 속상하거든요.

그러면 한 번 생각해보십시오. 정말 하나님을 만났고 하나님의 나라를 보는 눈이 열렸는데도 과연 이런 생각이 들까요? 그렇지 않습니다. 왜 이런 고민을 합니까? 세상에 내가 이루고 싶은 꿈이 있는데 혹시 하나님이 그걸 포기하라고 하실까 봐 두렵다, 하나님이 내가 원하는 걸 하지 말라고 하시면 어떡하지, 내가 하고 싶지 않은 것을 하라고 하시면 어떡하지, 이런 고민이 우리의 실제적인 고민입니다만 그것은 주님을 인격적으로 만나지 못했기 때문에 나오는 고민이라는 겁니다. 사명이 어려워서가 아닙니다. 세상을 놓기 힘들기 때문도 아닙니다. '진짜'를 발견하지 못했기 때문입니다. 우리가 예수님을 믿고 받은 복인 하나님의 나라를 아직 보지 못했기 때문에 고민하는 것입니다.

우리에게 임한 하나님나라

이때부터 예수께서 비로소 전파하여 이르시되 회개하라 천국이 가까이 왔느니라 하시더라 마 4:17

예수님께서 우리에게 첫 번째 주신 메시지가 하나님의 나라가 임했다는 것입니다. "천국이 가까이 왔느니라"라는 말씀은 천국이 왔다는 뜻입니다. 이것이 예수님이 그토록 가장 먼저 하고 싶어 하신 말씀입니다. 예수님은 제자들에게 하나님의 나라에 대해 가르치셨습니다. 십자가에 죽으시고 사흘 만에 부활하신 뒤 40일 만에 승천하셨는데 그동안에도 하나님나라의 복음을 말씀하셨고, 그 후 사도행전의 기록을 보더라도 초대교회 사도들 역시 하나같이 하나님나라의 복음을 이야기했습니다.

예수님과 하나님의 나라는 사실 하나입니다. 복음과 하나님의 나라도 하나입니다. 하나님의 나라는 단순히 우리의 죄가 사함을 받았다는 것만 말하는 게 아닙니다. 하나님의 나라에 대해 이야기하게 되면 죄 사함, 구원, 영생이 그 안에 다 들어가는 것입니다.

지금 우리가 가진 하나님의 나라에 대한 오해가 있습니다. 바로 하나님의 나라가 언젠가 이루어질 것이라고 생각한다는 것입니다. 지금은 아니지만 미래에 이루어질 것이라고 생각한다면 그것은 오해입니다. 하나님의 나라는 온 우주에 편만해 있습니다. 항상 있었습니다. 하나님의 나라는 인간이 이 땅에 존재하기도 전에 이미 있었고, 한 번도 변한 적이 없고, 영원히 있을 것입니다. 하나님의 나라는 영원합니다. 하나님의 나라는 하나님과 함께 있었으며 하나님의 나라는 하나님의 통치입니다.

그러면 왜 우리는 하나님의 나라가 미래적인 것이라고 생각할까요? 그것은 이 온 우주 가운데 유일하게 하나님의 나라가 온전히 이루어지지 않은 곳이 있기 때문입니다. 그것이 바로 사람, 사탄과 그에 속한 인격체가 있는 이 지구입니다. 하나님께서는 인간을 창조하시고 인격적인 존재로 만드셨습니다. 그 인간이 사탄의 유혹에 넘어가 선악과를 따 먹고 하나님의 통치를 거부하게 되자 하나님은 우주에 편만한 하나님의 나라를 예외적으로 이 지구에만 한동안 보류해두셨습니다. 그러자 그때부터 우리에게 하나님의 나라에 대한 문제가 심각한 문제가 되었습니다. 하지만 하나님의 나라는 이미 늘 있었습니다. 우리가 그것을 모르고 있을 뿐입니다.

예수님이 오심으로 이제 우리에게도 하나님의 나라가 임했습니다. 이 땅에 하나님의 나라가 시작되었습니다. 그렇지만 아직까지 이 땅에 하나님의 나라가 완전히 임한 것은 아닙니다. 성경의 약속대로 모든 족속에게 복음이 전파되면 주님이 다시 오심으로 이 땅에 하나님의 나라가 완전히 임하게 됩니다. 그가 하나님의 나라를 믿든지 안 믿든지 모든 사람에게 하나님의 심판이 임하게 됩니다.

진짜는 하나님나라다!

하나님의 나라가 있다는 것을 알게 되면 모든 것이 다 바뀝니다. 우리의 고민, 갈등, 두려움, 염려가 다 바뀝니다. 사도 바울이 삼층천에 올라가서 하나님의 나라를 보았습니다. 하나님나라의 비밀을 알고 선교 완성을 알았습니다. 우리 주님이 어떻게 오시며, 언제 오시며, 하나님의 나라가 이 땅에 어떻게 이루어질지를 알았습니다. 이제 이방인들에게 복음이 전해지는 시대가 시작된다는 것을 알았습니다. 이 복음이 계속 전해지면서 모든 족속에게 복음이 전해지면 그때 우리 주님이 다시 오심으로 이 땅에 하나님의 나라가 완전히 이루어진다는 것을 알았습니다.

그러자 사도 바울에게는 더 이상 이 세상에서 잘 먹고 잘 살고 대접받는 것이 아무 의미가 없어졌습니다. 그것이 배설물처럼 여겨졌습니다. 사도 바울이 유대 공동체 안에 있었다면 그는 이 세상에서 사는 동안에 선망의 대상이요 대접받으며 살았을 겁니다. 그는 이미 다 가진 사람이었습니다. 그러나 하나님의 나라에 대해 눈을 뜨자 그의 눈에 모든 것이 배설물로 여겨졌습니다. 배설물과 같은 그것을 누리며 살고자 하는 것이 바보처럼 보였습니다.

하나님의 나라를 알고, 하나님의 나라가 어떻게 이루어진다는 것을 알고, 이제 이방인의 시대가 됨을 알고, 우리 주님이 다시 오시게 되는 비밀을 알게 되자 그는 이방인 선교를 위한 삶에 자기 자신을 드리는 것이 놀라운 축복이라는 것을 알았습니다. 하나님의 나라를 위해 복음을 전하다가 고난을 받는다면 그것이 특권이라는 것을 알았습니다.

> 그리스도를 위하여 너희에게 은혜를 주신 것은 다만 그를 믿을 뿐 아니라 또한 그를 위하여 고난도 받게 하려 하심이라 빌 1:29

외국인은 우리나라 군대에 들어가지 못합니다. 군대가 힘들다, 괴롭다 하는 사람도 많지만 대한민국 군대에 들어가는 것은 대한민국 국민의 특권입니다. 하나님나라의 군사도 마찬가지입니다. 하나님나라의 군사가 되는 것은 특권입니다. 그 때문에 고난을 받는다면 말할 수 없는 축복입니다. 예수님을 알고 하나님나라의 비밀을 안 바울에게는 더 이상 고난이 문제가 되지 않았습니다. 세상의 온갖 좋은 것을 배설물처럼 여깁니다. 이것이 바로 복음의 능력입니다.

한 형제가 어느 자매와 결혼만 할 수 있다면 자신은 모든 것을 다 포기할 수 있다고 하는 말을 들었습니다. 한 자매와 결혼만 할 수 있어도 모든 것을 포기할 수 있다고 고백할 정도인데, 하나님의 나라를 안다면 그것은 전혀 비교가 되지 않습니다. 불평하는 것, 원망하는 것, 비난하는 것, 다투는 것, 억울한 것은 다 하나님의 나라를 모르기 때문에 하는 얘기입니다. 하나님의 나라를 모르기 때문에 하나님은 불공정해 보이고, 나만 이렇게 어렵고 힘든 것 같은 것입니다. 하나님의 일을 한다고 하면서 가능하면 더 좋은 곳에서 더 나은 대접을 받고 사람들 앞에 내세울 것이 있는 그런 자리를 구한다면 그것은 아직도 진짜를 모르는 것입니다.

'아골 골짝 빈 들'이라는 더 큰 상급

제가 신학대학교 졸업반 때에는 학교에서 매일 학급 예배를 드렸습니다. 어느 전도사님이 예배를 인도하셨는데 그날 찬송가를 〈부름 받아 나선 이 몸〉을 택했습니다. 그런데 뒤에서 누군가가 한마디 하는 바람에 찬송가를 바꿨습니다.

"아 제발 좀, 그 찬송은 부르지 맙시다."

신학교 졸업반 때 〈부름 받아 나선 이 몸〉은 사실상 금지곡입니다. 그만큼 졸업반의 가장 큰 관심사는 앞으로 자신들의 임지가 어디냐 하는 것입니다. 졸업하면 다들 다른 곳으로 부임해 갑니다. 그중에는 남들이 부러워하는 곳이 있는가 하면 정말 어려운 곳도 있습니다. 임지를 구하는 목회자 후보생들에게도 각각 원하는 조건이 있습니다. 하지만 '아골 골짝 빈 들', 거기는 가면 안 되는 곳이라고 생각합니다.

신학생이라면 주위에서 많이 기도해주셨을 것입니다. 더욱이 이왕 나선 목회의 길인데 성공하라는 기도를 많이 해주십니다. 저 역시 신학교에 들어갈 때 아버지의 친구 되시는 많은 목사님들이 목회 성공하라고 기도해주셨습니다. 그 당시 저는 목회 성공이란 큰 교회의 담임목사가 되는 것이라 생각했습니다. 그러니까 아골 골짝 빈 들은 아니잖아요. 그것이 신학교 졸업반인 전도사님들의 마음입니다. 하지만 그것도 예수님을 모르니까, 하나님의 나라를 보지 못해서 그러는 겁니다.

저도 세상에서 대접받는 것이 좋은 줄 알았고, 신학교 졸업반 때 대우가 좋은 교회, 대접해주는 교회에 가는 것이 축복인 줄 알 았습니다. 아골 골짝 빈 들은 가면 안 되는 곳, 하나님이 저주하는 전도사들이나 가는 곳인 줄 알았습니다.

마흔도 안 된 젊은 목사로 부흥회에 초청되어 서울의 최고급 호텔에 묵게 되었을 때, 불현듯 내가 누리는 이 호강이 순교하신 나의 할아버지 상급인 것을 깊이 깨달은 적이 있습니다. 빛바랜 사진 한 장으로만 뵌 할아버지, 전쟁 중에도 끝까지 남아 교회를 지키다가 순교하신 할아버지…. 하나님께서 할아버지의 상급으로 저를 이리 대접해주셨다면 정직히 하나님 앞에 섰을 때 나는, 할아버지는 평생 돌짝밭을 일구다가 순교하셨는데 순탄한 목회를 하고 있는, 소위 '옥토밭' 목회자인 내가 하나님의 나라가 임할 때 하나님께 받을 상급이 무엇일까 떠올려보면 지금도 가슴이 떨려옵니다.

돌짝밭 갈았던 종이 하나님 앞에 섰을 때 행복하다는 것을 아십니까? 남이 다 갈아놓은 좋은 땅, 그런 옥토밭에서 일한 종은 보기에도 멋있고 자기 한 몸 편안할지 모릅니다. 하지만 평생 옥토밭만 찾아다닌 그가 하나님 앞에 섰을 때 얼마나 두려울지 상상해보십시오.

실제로 목회를 하다보면 동료 목회자들이 끊임없이 더 좋은 목회지를 찾아서, 더 좋은 대접을 받는 큰 교회로 가고자 하는 것을 봅니다. 그러나 하나님의 나라를 보고 나면 비로소 눈이 열립니다. 누군가는 돌짝밭을 갈아야 합니다. 하나님의 나라를 본 군사라면 전쟁터에 자원해서 나갑니다. 왜냐하면 그래야 진급하기 좋습니다. 위험한 보직이 그만큼 평점이 높은 것처럼 하나님나라에 대한 비전이 있는 군사라면 더 큰 상급을 바라보기 때문입니다.

이 땅에서 사는 하나님나라

우리가 예수님을 영접하는 순간 하나님의 나라가 이미 우리 마음 안에 이루어졌습니다. 하나님의 나라는 장소적인 개념이기 이

전에 통치의 개념입니다. 예수님이 '주님'(Lord)이요, '왕'(King)이라고 표현된 것만 봐도 그것이 하나님나라의 개념에서 왔다는 것을 알 수 있습니다.

한국 사람은 미국에 가도 한국 사람이요, 아프리카에 가도 한국 사람인 것처럼 하나님의 나라도 마찬가지입니다. 이 땅에서 하나님의 나라를 누리고 사는 하나님나라 백성이 하나님의 나라에 가서도 하나님나라 백성으로 사는 것입니다. 이 땅에서 세상 사람처럼 살았는데 죽고 나서 하나님나라의 백성이 되는 법은 없습니다.

예수님을 믿을 때 우리는 하나님나라의 백성이 됩니다. 이 땅에서 하나님나라의 백성으로 살지 못하면 하나님나라에 갈 수 없습니다. 하나님나라의 삶은 이미 여기서 사는 것입니다. 그래서 우리가 세상에서 사는 것이 때때로 힘들 때가 있습니다. 이상한 사람 취급 받기도 합니다. 왜 이방인 취급을 받습니까? 이 땅에서 하나님나라 백성으로 하나님나라의 삶을 살기 때문입니다.

그러나 예수님을 만나지 못하면 하나님나라는 다 교리요, 지식일 뿐입니다. 하나님의 나라에 대해 아무리 많이 알아도 예수님을 만나야 비로소 하나님의 나라가 내게 실제가 됩니다. 왜냐하면 예수님이 내 안에 오셔서 나를 다스리시는 순간에 비로소 하나님의 나라가 임하기 때문입니다. 예수님이 실제로 내 마음의 주님이요,

왕이 되지 않으시면 하나님의 나라는 모르는 것입니다. 하나님의 나라 백성이 아닙니다.

내가 미국에 대해 전공하고 미국에 대해 박사가 될 만큼 미국을 잘 안다 해도 미국 시민권자가 아니면 미국 시민으로 살 수 없는 것과 마찬가지로 하나님의 나라에 대해 많이 아는 것과 실제로 하나님나라의 백성이 되는 것은 별개입니다. 하나님나라의 백성이 되는 것은 예수님이 내게 실제이시고 그 예수님이 실제로 나의 왕이 되시는 것과 관련이 있습니다.

내게 주어진 죽음

"목사님, 죽는 게 가장 어려워요."

이렇게 죽는 게 어렵다고 생각하는 분들이 많습니다. 가정에서, 교회에서, 학교에서, 직장에서 죽는 게 너무 어렵다고 하실 분이 있을 겁니다. 실제로 죽는 것은 정말 힘들어 보입니다. 자신이 자기를 죽이려고 하니까 힘이 듭니다. 그러나 죽는 것은 힘든 게 아닙니다. 예수님을 만나지 못했으니까 힘들게 느껴지는 것입니다.

기독교의 복음은 내가 나를 죽이려는 게 아니라 죽음을 선물로 받는 것입니다. 우리의 죽음은 이미 예수님이 십자가에서 이루신 것이고 하나님이 주시는 은혜로 우리는 우리의 죽음을 선물로 받습니다. 어떻게 언제 받습니까? 내가 주님을 영접할 때, 죽음은 내게 주어집니다. 예수님을 인격적으로 알고 나면 그 다음에는 죽었다, 안 죽었다 말할 필요가 없습니다. 그냥 죽어지기 때문입니다.

모세가 팔순 노인이었을 때, 미디안 광야에서 떨기나무 불꽃 가운데 임한 하나님을 만납니다. 그리고 모세는 죽었습니다. 영광의 하나님을 만나는 순간에 모세는 죽었습니다.

이사야가 성전에서 기도하다가 놀라운 환상을 보았습니다. 그가 높이 들린 보좌에 앉으신 하나님을 보았고 하나님의 옷자락이 성전에 가득한 것과 천사들이 모시고 선 것을 보았습니다. 그것을 본 자체로 이사야는 그냥 죽습니다. 죽음은 그냥 죽어지는 것으로 내가 죽어야 되겠다거나 내가 죽어야 될 텐데 하고 죽지 않았습니다.

에스겔 역시 그발 강가에 있을 때 하늘이 열리고 하나님의 음성이 임하자 그 순간에 에스겔은 죽고 선지자 에스겔로 살게 됩니다.

핍박자 사울이 바울 된 것도 예수님을 만나 죽었기 때문입니다. 그가 다메섹 도상에서 큰 빛 가운데 임하신 주님을 만나고 땅에 엎드러져 주님의 음성을 들었을 때 사울은 죽고 그리스도 예수의 사도 바울이 된 것과 마찬가지로 죽음은 예수님을 만나는 것과 관련이 있습니다.

사도 요한은 이렇게 말합니다.

내가 볼 때에 그의 발 앞에 엎드러져 죽은 자 같이 되매 그가 오른손을 내게 얹고 이르시되 두려워하지 말라 나는 처음이요 마지막이니 계 1:17

요한은 밧모 섬에서 영광 중에 예수님을 봅니다. 그는 한결같이 예수님을 따르던 제자였습니다. 그런 그가 영광 중에 완전한 신성(神性)의 예수님을 만났을 때 완전히 죽은 자가 되었습니다.

우리가 예수님을 영접하는 것은 엄청난 일입니다. '죽고 다시 사는' 거듭남은 노력의 산물이 아니라 '주어지는' 것이요 '되어지는' 것입니다. 우리가 하나님을 만날 때 하나님의 영광을 보는 눈이 뜨일 때 모든 것이 다 변화되는 것입니다. 사랑이 되어지고 감사가 되어지고 찬양이 되어지고 헌신이 되어지고 전도가 되어지는 것입니다.

우리의 옛 사람을 죽음으로 처리하신 이유

내 안에 여전히 혈기도 있고, 성질도 있고, 음란한 마음도 있고, 욕심도 있는데 어떻게 그걸 죽었다고 믿어야 되느냐고 고민하십니까? 그 자체가 혼란스럽습니까? 아직도 여전히 살아 있는 자신을 발견하셨습니까? 죽으면 끝이지 사도 바울은 왜 날마다 죽는다고 한 것일까요? 우리가 죽는다는 의미를 잘 이해할 필요가 있습니다.

싱클레어 퍼거슨(Sinclair B. Ferguson)은 그의 책 《성도의 삶》에서 다음과 같이 썼습니다.

> 우리가 죄의 종노릇 하지 않게 되었다고 해서 죄와의 싸움도 끝났다는 것은 아니다. 오히려 새로운 싸움이 시작된다. 우리가 죄에 대하여 죽었지만 우리 안에 죄는 죽지 않았기 때문이다.

우리는 여전히 육신을 가지고 살아갑니다. 우리 안에 있는 이 죄성은 죽은 것이 아닙니다. 우리가 분명히 죄에 대해 죽었지만 죄가 내 안에서 죽은 것은 아닙니다. 무슨 뜻이지요? 죄는 여전히 우리 육신 안에 남아 있습니다. 계속 역사합니다. 우리 안에서 변한 것은 죄의 존재가 아니라 그 죄의 지위입니다. 곧 죄가 우리를 지배하지 못하게 되었다는 것입니다. 그리고 그 죄와 우리와의 관계가 달라진 것입니다. 곧 우리는 더 이상 죄의 노예가 아닌 것입니다.

왜 하나님께서 우리의 옛 사람을 죽음으로 처리하시려고 하실까요? 우리가 더 이상 죄의 노예가 되지 않게 하기 위해서입니다. 우리 옛 사람이 죽음으로 처리되었기 때문에 우리는 더 이상 죄의 노예가 아닙니다. 우리는 이제 죄와 싸울 수 있는 자가 되었습니다. 성령님이 우리와 함께 계십니다.

> 하나님께로부터 난 자는 다 범죄하지 아니하는 줄을 우리가 아노라 하나님께로부터 나신 자가 그를 지키시매 악한 자가 그를 만지지도 못하느니라 요일 5:18

하나님께로부터 난 우리는 더 이상 죄의 종이 아닙니다. 계속해서 믿기지 않는 이야기가 증거됩니다. 하나님께로부터 나신 자, 하나님의 아들 예수님이 지키시니 악한 자가 만지지도 못한다는 것입니다. 우리가 예수님을 모시고 사는 것을 정확히 설명해주고 있습니다.

우리가 예수님을 모시고 살면 죄와의 싸움이 완전히 달라집니다. 우리 옛 사람이 죽었기 때문에 우리는 더 이상 죄에 종노릇 하지 않습니다. 그것을 죽음이라고 말하는 것입니다. 내 안에 계신 예수님이 나를 지키십니다. 나는 죽고 예수로 사는 것의 핵심은

'나와 함께 계시는 살아 계신 예수님'입니다

예수님 안에 거하는 자의 능력

나는 포도나무요 너희는 가지라 그가 내 안에, 내가 그 안에 거하면 사람이 열매를 많이 맺나니 나를 떠나서는 너희가 아무것도 할 수 없음이라 요 15:5

우리가 예수를 믿는 것에 대해 예수님이 직접 설명해주신 말씀입니다. 이 말씀은 저도 성경을 읽으면서 이해하기 어렵고 받아들이기 어려운 말씀 중의 하나였습니다. 예수님이 포도나무이고 우리가 가지라는 것은 곧 예수님과 우리가 완전히 하나라는 말입니다. 예수님은 그것이 예수님을 믿는 것이라고 말씀하셨습니다.

내 안에 거하라 나도 너희 안에 거하리라 가지가 포도나무에 붙어 있지 아니하면 스스로 열매를 맺을 수 없음 같이 너희도 내 안에 있지 아니하면 그러하리라 요 15:4

우리가 예수님과의 관계에서 가장 중요하게 생각해야 할 것은 우리가 예수님 안에 거해야 한다는 것입니다. "내 안에 거하라 나도 너희 안에 거하리라", 이 말씀을 보면 예수님과 하나 되는 관계의 시작은 먼저 우리가 예수님 안에 거하는 것입니다. 내가 먼저 예수님 안에 거하면 주님이 내 안에 거하시고, 주님과 내가 하나가 되는 것, 그것이 예수님을 믿는 것이라는 말씀입니다. 나는 죽고 예수로 산다는 것의 또 다른 설명입니다.

그렇다면 내가 예수님 안에 거한다는 것은 어떻게 하는 것입니까? 예수님이 눈에 보이는 것도 아닌데 예수님 옆에 가까이 다가간다거나 주님만 계속 따라가는 것도 아니고, 도대체 어떻게 하는 것이 내가 예수님 안에 거하는 것일까요? 우리가 이해하기에 가장 좋은 설명은 '완전한 순종'입니다. 예수님에게 나를 완전히 드리는 것이 바로 예수님 안에 거하는 것입니다. 사실은 쉽습니다. 그냥 예수님 안에 앉아 있기만 하면 됩니다. 이제부터는 주님만 믿으면 됩니다. 그러면 주님이 내 안에 거하시는 것을 알게 됩니다. 예수님과 나는 하나가 됩니다.

그러면 이제는 정말 예수님 안에 거하는 자가 되었는지 여부를 알 수 있는 질문을 하겠습니다.

"당신은 예수님에게 완전히 순종할 결단이 되었습니까?"

자신이 알아듣지 못할 때는 할 수 없지만 주님이 내게 무엇을 원하는지 말씀하실 때, 그 말씀의 내용이 무엇이든지 간에 주님 말씀에 "나는 완전히 순종합니다"라는 결단을 먼저 드리셨습니까? 이것은 쉽게 대답할 문제가 아닙니다. 주님이 나에게 어디로 가라고 하든지, 자식도 주님께 바치라고 하든지, 심지어 나에게 순교하라고 하든지, 주님이 나에게 뭘 원하시고 뭘 하라고 하시든지 완전히 순종하기로 결단하셨습니까?

하나님을 오해하지 말라

주님께 완전히 순종하기에 두려운 마음이 먼저 든다면 문제가 있습니다. 예수님이 주님이 아니신 겁니다. 완전히 순종하기에 두려운 마음부터 드는 그런 종은 있을 수가 없습니다. 그래서 우리가 성령으로 충만해지지 않고 그래서 우리가 예수님의 역사를 경험하지 못하는 것입니다. 주님이 역사하지 않으시는 게 아닙니다. 이미 예수님은 우리 가운데 엄청난 일을 하고 계십니다. 그런데 왜 주님은 더 이상은 역사하지 않으시는 것 같죠? 내가 주님께 완전히 순종하기로 결단하는 것을 두려워하는 것입니다.

우리는 하나님이 좋으신 하나님이라고 고백합니다. 말은 그럴 듯합니다. 그런데 왜 좋으신 하나님께 완전히 순종하기를 두려워합니까? 하나님이 우리에게 뭐 나쁜 것을 원하시겠어요? 당신의 독생자까지 주신 하나님이신데, 하나님께서 왜 나에게 궁극적으로는 해(害)가 되는 것을 하라고 하시겠어요? 하나님이 내게 뭘 하라고 하셨다면 그것은 틀림없이 나에게 좋은 것입니다. 그런데 왜 우리는 뭘 순종하라고 하시는지 '들어보고' 순종하든지 안 하든지 한다고 하나요? 가나안 땅의 정탐꾼처럼 '들어가보고' 들어가든지 말든지 한다고 합니까?

하나님을 위해 살고자 한다는 많은 사람들이 완전한 순종을 먼저 결단하지 못합니다.

"순종하겠느냐?"

"뭔데요?"

"가겠느냐?"

"어디인데요, 어디?"

이것이 우리의 솔직한 마음입니다. 들어보고 마음에 안 들면 못한다는 것입니다.

"왜 나한테만 그러세요?"

우리는 하나님에게 완전한 신뢰를 드리고 있지 못합니다. 우리는 실제로 하나님을 좋으신 하나님이라고 믿기보다 오히려 까다로운 하나님, 인색한 하나님, 두려운 하나님이라고 믿는 경향이 있습니다.

'하나님은 정말 이상한 하나님이시다. 이상하게 하기 싫은 것만 하라고 하고, 가기 싫은 데만 가라고 하고, 원하는 건 하지 말라고 하셔.'

이런 하나님으로 오해합니다. 또 하나님 뜻대로 다 하겠다고 하면 세상에서 가장 힘든 곳, 아무도 알아주지 않는 곳, 그것도 혼자서 살라고 그러실 거라 생각합니다. 하나님께 순종하겠다고 하면 순교를 해도 살점 하나하나 뜯기는 그런 순교를 하라고, 지금 그 자리밖에 남은 자리가 없다고 하실 것 같다고 우리 나름대로 소설을 씁니다. 그래서 진짜 하고 싶은 일은 기도도 안 하고 합니다. 왜냐하면 하나님이 하지 말라고 하실까 봐요. 우스운 이야기 같지만 실제로 우리 이야기입니다. 완전히 순종한다는 것이 두렵다면 결국은 주님을 모르는 것이요, 이 땅에서 하나님의 나라를 살지 못하고 있는 것입니다.

네 마음을 다오!

그런데 하나님께서 왜 우리에게 "너는 완전히 순종하겠느냐?"라는 불길한 질문을 자꾸 하실까요?

"너 이것 바칠 수 있느냐?"

"너 이것도 포기할 수 있느냐?"

"이것도 버릴 수 있느냐?"

"너 순교도 할 수 있느냐?"

왜 이런 질문을 자꾸 하시나요? 하나님이 정말 그것을 원하셔서 그러실까요? 만약에 그랬다면 물어보실 필요도 없습니다. 그냥 가져가시면 됩니다. 다 하나님 마음대로입니다. 우리가 순교를 "할 수 있습니다", "없습니다" 해서 우리의 생명을 바칠 수 있는 건가요? 주님이 우리의 생명이 필요하시다면 우리가 "가져가셔도 됩니다", "안 됩니다"라고 말할 권한이 우리에게 없습니다. 하나님이 그냥 거둬 가시면 그만입니다. 나에게 자녀가 있는데, "하나님, 나는 바치지만 이 아이는 안 됩니다", 그럴 수 있습니까? 하나님이 데려가기로 작정하시면 내가 아무리 안 된다고 부르짖어 기도해도 데려가십니다. 하나님 마음대로입니다. 그것이 우리가 믿는 하나님의 전적인 주권입니다.

그럼 그런 하나님께서 그냥 가져가시지, 그냥 죽이시지, 왜 줄 수 있는지, 목숨도 바칠 수 있는지 일일이 물으셔서 우리의 마음을 힘들게 하시는 겁니까? 하나님은 다른 데 마음이 있으신 겁니다. 하나님은 우리의 소유, 우리의 건강을 마음대로 가져가실 수 있습니다. 그런데 하나님이 우리를 마음대로 하지 못하시는 것이 딱 하나 있습니다. 다 하나님 마음대로 하실 수 있지만 우리의 마음은 우리가 드리지 않는 한 마음대로 가져가시지 않습니다.

그러나 마귀는 우리의 마음을 강도처럼 사로잡으려고 합니다. 우리가 허락하지 않았는데 이미 우리 마음속에 들어와 마귀의 소굴로 만들어놓습니다. 그러나 우리 주님은 그렇게 하지 않으십니다. 우리의 마음을 두드리실 뿐입니다. 우리가 안에서 열어드리지 않으면 들어오실 수가 없습니다. 하나님이 우리를 창조하실 때 그렇게 정하시고 우리를 그렇게 만드셨습니다. 우리가 마음을 드리지 않으면 하나님은 가져가지 않으십니다. 그래서 하나님은 우리에게 계속해서 마음을 줄 수 있는지 물으시는 것입니다.

하나님이 아브라함에게 이삭을 번제물로 바치라고 하실 때, 하나님께서 진짜 이삭을 원하셔서 이삭을 바치라고 하신 겁니까? 그것이 아니라 아브라함의 마음을 원하셨습니다. 하나님께 마음을 드린다는 것은 놀라운 축복입니다. 하나님을 진짜 믿고 사는 것입니다. 하나님께서 나를 위해 독생자를 주셨고, 예수님이 내 마음에 오셨듯이 나로 하나님의 완전한 사랑과 계획을 믿어 하나님께 마음을 드리는 그 순간이 얼마나 황홀할지 생각해보십시오. 마치 청혼을 받은 자매가 자기에게 청혼한 형제에게 결혼을 승낙하는 것처럼 황홀한 순간입니다.

한 남자가 한 여자에게 청혼할 때 그는 인생 전부를 걸고 청혼하게 됩니다. 그래서 청혼을 받는 자매는 황홀해 하고 기뻐하는 것입니다.

하나님은 사람이 아니시니 변함이 없으시고, 이 세상에 그 무엇보다 믿을 수 있는 주님이십니다. 그분이 내게 사랑을 달라고 하십니다. 모든 것을 달라고 하시는 것은 당신의 모든 것을 주시겠다는 말씀입니다. 그 부르심 앞에서 "일단 들어보고 할게요", "주님, 내게 뭘 주실 건데요?", "왜 이렇게 하시는 거죠?" 이렇게 묻는다면 그것은 주님이 얼마나 놀라운 분인지 모르기 때문입니다.

순종하는 사람들에게 주시는 성령

우리가 주님을 알아가는 길이 있습니다. 바로 순종입니다. 주님이 얼마나 좋은 분이신지 우리는 순종을 통해 알게 됩니다. 아주 작은 순종들을 통해 상상할 수 없는 하나님의 역사를 보게 됩니다.

하나님이 내게 어떤 일을 명령하셨을 때, 그 일로 갈등이 생기고 너무 힘들다고 느껴지십니까? 그렇더라도 그것이 주님의 명령일 수도 있다고 느껴지면 일단 순종해보는 것이 중요합니다. 주님의 명령이 아니었음이 드러날 수도 있지만 이와 같은 과정을 통하여 우리는 주님을 알아가게 되는 것입니다.

우리는 이 일에 증인이요 하나님이 자기에게 순종하는 사람들에게 주신 성령도 그러하니라 하더라 행 5:32

'순종하는 사람들에게 주신 성령'이라고 했습니다. 성령은 순종하는 자에게 부어지는 것입니다. 우리가 왜 성령의 충만함을 누리고 있지 못합니까? 왜 예수님을 실제로 경험하고 있지 못합니까? 내가 완전한 순종을 하고 있지 못하기 때문입니다.

순종에는 두 가지 순종이 있습니다. 하나는 '노력해서 하는 순종'이고, 하나는 '죽음으로 하는 순종'입니다. 노력해서 하는 순종에는 한계가 있습니다. 자신의 힘으로 노력해서 순종하는 사람은 반드시 좌절감을 느낄 수밖에 없습니다. '순종해야지', '순종해야 돼'라고 순종하기 위해 노력해보십시오. 하지만 그래서 순종이 된다면 예수님이 십자가를 지실 이유가 없습니다.

그러나 하나님은 우리에게 완벽한 복음을 주셨습니다. 자아가 죽는 것입니다. 그러면 저절로 되는 것처럼 순종이 됩니다. 바로 "나는 죽었습니다"가 완전한 순종입니다. 순종하기 어려운 문제에 부딪혔을 때 다시 십자가를 분명히 해야 합니다. 우리는 이미 죽었습니다. 그러면 순종하지 못할 장벽이 모두 무너집니다. "나는 죽었습니다"로 하는 순종이 진짜 순종입니다.

그것은 어렵지 않습니다. 예수님 안에 거하는 것입니다. 예수님 안에 거하는 것은 쉽고 편안합니다. 우리가 할 수 있는 것은 주님 안에 거하는 것밖에 없습니다. 하나님을 위해 살겠다고 하고 하나님의 사역을 하다가 때때로 힘들어질 때가 온다면 이유는 하나입니다. 예수님 안에 거하고 있지 않기 때문입니다.

> 사람이 내 안에 거하지 아니하면 가지처럼 밖에 버려져 마르나니 사람들이 그것을 모아다가 불에 던져 사르느니라 요 15:6

사역자들이 지치고 메말라지는 일이 많습니다. 열심히 사역하다가 무너지고 시험에 듭니다. 이유는 사역이 힘들어서도 아니고, 하나님이 도와주지 않아서도 아닙니다. 주님은 분명히 말씀하셨습니다. 주님 안에 거하지 않으면 사람은 버려진 가지처럼 마릅니다. 우리가 사역을 하다보면 일은 하는데 주님 안에 거하지 않을 때가 있습니다. 특히 하나님의 일을 뒤에서 섬기는 일꾼들이라면 항상 주님 안에 거하는 시간을 가져야 합니다. 그렇지 않으면 그런 분들은 행사를 치르게 됩니다. 파티 플래너가 됩니다.

신앙 수련회는 많은 사람들이 은혜를 경험하는 정말 좋은 시간입니다. 그러나 섬긴 진행 팀들은 지칠 수 있습니다. 그들이 주님 안에 거하지 않는다면 파티 플래너입니다. 결혼식 행사를 진행하는 사람을 보십시오. 신랑, 신부, 신랑 신부 측 하객들은 결혼식을 즐깁니다. 그러나 결혼식 대행업체에서 나온 매니저들은 아무리 그 결혼식의 중심에 있어도 그들에게 그것은 일일 뿐입니다. 우리가 하나님의 일을 꼭 이렇게 할 수 있습니다. 하지만 예수님은 주님이 친히 하시겠다고 하셨습니다. 주님은 포도나무이시고 우리는 가지라는 것을 꼭 기억하십시오.

너는 정말 나 하나면 충분하냐?

저의 이야기를 하자면 저는 대학원 졸업을 못했습니다. 저는 감리교신학대학교 졸업 이상의 학력이 없습니다. 제가 서울에서 부목사로 교구를 담당하는 사역을 하며 교회의 배려로 대학원 공부를 병행하고 있을 때의 일입니다. 사역과 학업을 병행하는 일이 쉽지 않았지만 이제 논문을 쓰는 마지막 학기 등록을 남겨두었기 때문에 하나님 앞에 둘 다 잘할 수 있도록 기도했습니다.

"논문을 준비하느라 심방에 소홀하지 않도록 학업과 목회를 둘 다 잘할 수 있도록 힘을 주십시오. 다른 교구에 비해 우리 교구의 교인들이 부족함을 느끼지 않도록 제가 심방도 열심히 하고, 그러면서 논문도 잘 쓸 수 있도록 주여, 저를 도와주옵소서."

그렇게 간절히 기도하는데 하나님께서 제 마음에 전혀 예상하지 못한 답을 주셨습니다.

"너, 석사 학위를 나에게 바칠 수 있겠느냐?"

저는 너무 당황스러웠습니다. "하나님, 제가 뭘 해야 합니까?" 이렇게 기도한 것이 아닙니다. "주님, 너무 힘들어서 그러는데 둘 중에 하나, 제가 뭘 택해야 할까요?" 이렇게 기도했다면 주님의 말씀은 저에게 하나님의 정확한 답이겠지요. 하지만 저는 목회도 잘하고, 논문도 잘 써서 졸업하게 해달라고 기도했는데 하나님은 저에게 "석사 학위를 나에게 바칠 수 있겠느냐?"라고 도리어 물으시니 어떻게 놀라지 않을 수 있겠습니까? 정말 안 들었으면 좋았겠다는 생각이 드는 그런 말씀이었습니다. 그 기도 이후 얼마나 고민이 되었는지 모릅니다.

제 마음에 그것이 분명한 주님의 음성으로 들린 이유가 있습니다. 제가 그때까지 하나 내려놓지 못한 것이 바로 공부 문제였습니다. 저는 목사의 아들로 태어나 신학교에 가는 것이 정해진 사람입니다. 그런 제 마음에 걸리는 것은 공부 못해서 신학교에 갔다는 소리를 듣는 것이었습니다. 그 당시 〈진학〉이나 〈대학입시〉 등 입시 전문 잡지를 보면 신학교 커트라인이 가장 낮아서 정말 오해받기 딱 좋았습니다. 아무도 그런 이야기를 안 하는데 저 혼자서 그런 생각을 했습니다.

저는 공부 못해서 신학교에 갔다는 소리를 듣지 않으려고 정말 열심히 공부했습니다. 신학교에 가기 위해서라면 그렇게 죽자 사자 공부할 필요가 없습니다. 하지만 제 자존심 때문에, '나는 공부를 잘하지만 그러나 하나님이 부르시니까 할 수 없이 신학교에 갔다', 그렇게 인정받고 싶어서 정말 열심히 공부했습니다. 그래서 바보같이 신학대학을 1등으로 들어가고 말았어요.

신학교 때 저를 아는 사람들은 저를 가리켜 1등으로 학교 들어가고 1등으로 졸업했다고, 공부 잘했다고 소개합니다. 그러면 저는 무슨 그런 말씀을 하시냐고 하면서도 속으로는 '조금만 더 하세요' 이런 마음이었습니다. 사람이 정말 간사합니다. 그때 공부는 저에게 있던 유일한 우상이었습니다. 하나님이 정하신 대로 신학교에 가기는 했지만 공부를 못해서 간 것이 아니라는 것, 그것이 저에게 주는 유일한 인정이자 보상이었고, 사람들이 그것을 알아주는 것이 위로이자 만족이었습니다.

저는 이미 목회를 하기로 결심했기 때문에 그냥 신대원에 가면 됩니다. 그런데도 굳이 신대원을 안 가고 본 대학원에 간 이유도 마찬가지였습니다. 독일어 시험을 하나 더 보는 대학원, 수준이 더 높은 대학원에 갔다고 인정받기 위해서였습니다. 하나님께서는 정확히 그 문제를 지적하셨습니다.

"네가 공부를 잘하면 얼마나 잘하냐? 너는 정말 나 하나면 충분하냐?"

순종의 씨름

저는 공부하는 것이 대단히 중요하다고 생각합니다. 공부해야 할 때 열심히 공부하는 것은 그 역시 주(主)의 일이며 순종이라고 생각합니다. 공부해야 할 사람이 공부하지 않는 것은 불순종입니다. 그러나 제게 공부는 좀 더 다른 의미가 있었습니다.

"너는 대학원도 졸업하지 못했다는 그런 평판을 듣고도 나 하나면 충분하냐? 너는 정말 나만 믿고 할 수 있겠니?"

하나님은 제게 이렇게 물으시는 것 같았습니다. 정말 고민을 많이 했습니다. 많은 분들에게 상담도 받았습니다. 거의 대부분은 제가 지나친 생각을 하는 거라고 했고 공부를 계속하라고 했습니다. 이제는 목회자에게 석사뿐 아니라 박사 학위도 필요하고, 교인들의 수준이 높아짐에 따라서 목회자도 준비를 해야 한다는 조언에 저는 100퍼센트 동의했습니다. 하지만 저를 향한 하나님의 마음이 무엇인지는 해결이 되지 않았습니다.

'하나님께서 지금 내게 뭔가 요구하시는데, 그동안 나는 하나

님께 뭔가를 드린 것이 있었나?'

그러고 보니 하나님 앞에 뭔가 제대로 드려본 것이 없었습니다. 반면에 저는 누리고 받은 것이 정말 많았습니다. 하나님이 생명을 요구하셔도 드려야 하는데, 나에게 한 가지, 석사 학위를 요구하신다면 그것을 못 드리겠다고 할 수는 없었습니다.

토요일이 등록 마감인데 금요일까지 마음의 정리가 되지 않고 온 몸에 열이 나면서 쓰러졌습니다. 철야기도회에도 가지 못했기 때문에 이 자리에서라도 기도해야겠다는 마음으로 이불 위에 무릎을 꿇었습니다. 하지만 기도가 나오지 않았습니다. 기도해야 하는 그 시간이 얼마나 고통스러웠는지 모릅니다. 그러다가 입을 열어서 "주여…"라고 부르는 순간 걷잡을 수 없이 이 말이 튀어나왔습니다.

"석사 학위를… 바치겠습니다."

그 고백을 하지 않으면 죽을 것 같았습니다. 주님이 정면으로 내 입을 쳐다보시면서 내 입에서 그 고백이 나오기를 기다리시는 것 같은데 어떡합니까! 저는 이불 위에 고꾸라져서 이불을 쥐어뜯으며 울었습니다.

그때 저는 하나님이 왜 그렇게 하시는지 이해하지 못했습니다. 저를 향한 하나님의 계획이 학위와 상관이 없는 일종의 특수목회

쪽이 아닐까 하는 생각을 해보았습니다. 하나님이 그렇게 정하셨으면 그렇게 가야 하는데 그것이 왜 그렇게 서글픈지, 꼭 이렇게까지 해야 되나 싶기도 해서 참 많이 울었습니다.

놀랍게도 그렇게 한참을 울고 난 다음에 열이 내리고 몸에서 힘이 났습니다. 그리고 그렇게 마음이 편안해질 수가 없었습니다.

"잘했다. 참 잘했다."

그 순간 제 마음에 주님의 음성이 들려왔습니다. 다음 날 아침 학교에 가서 자퇴서를 제출했습니다. 학교에서 자퇴 이유를 물었지만 그냥 사정이 있어서 자퇴한다고만 밝혔습니다. 그런 다음 교구 심방만 열심히 다녔습니다.

완전한 순종을 받으시기에 합당하신 주님

그 후 부산에서 가장 역사가 깊은 부산제일교회의 담임목사님이 갑자기 돌아가시고 담임목사를 청빙하는데 저를 담임목사로 청빙하셨습니다. 나이는 마흔 이상, 대학원 졸업 이상이 기본 조건이었는데 그때 저는 나이가 서른넷에 대학원도 졸업하지 못했고 부목사들 중에서도 나이가 가장 어렸습니다. 청빙을 수락하고 부산으로 이사를 내려가던 날, 그 날이 마침 대학원 졸업식이 있는 날이었습니다.

저는 지금껏 이력서를 내본 일이 없습니다. 안산 광림교회나 지금의 선한목자교회도 제가 가겠다고 한 적 없이 그렇게 부름을 받았습니다. 부산에서 목회하는 동안 안산 광림교회 청빙을 받자 저는 교인들에게 이야기했습니다. 그리고 제가 그 교회로 가는 것이 하나님의 뜻인지 아닌지 같이 분별이 되면 가고, 그렇지 않으면 가지 않기로 했습니다. 3개월 동안 분별의 기도를 받고 저는 주님의 인도하심대로 안산 광림교회로 임지를 옮겼습니다. 안산 광림교회에서 선한목자교회로 갈 때도 마찬가지로 구했습니다. 저는 안산 광림교회에서 이임예배를 드리지 않고 파송예배를 받고 왔습니다.

제가 선한목자교회에 부임해올 때 교회가 매우 어려웠습니다. 한 장로님이 오셔서 저에게 말씀하셨습니다.

"목사님, 지금은 너무 어렵지만 우리 교회는 굉장히 부흥할 가능성이 큽니다. 큰 교회가 될 수 있는 교회입니다."

"장로님, 그러면 저는 더더욱 아닙니다. 이 교회가 정말 큰 교회가 된다면 저는 이 교회 담임자로 부족한 것이 너무 많습니다. 우선 저는 신학대학교 졸업밖에 안 되는데, 교인들이 그런 저를 부끄러워할 수도 있어요. 그러니 큰 교회에 적합한 목사님을 택하시지요."

그러자 그 장로님이 저에게 다시 말씀하셨습니다.

"목사님이 대학원 학위를 포기하셨다는 말을 듣고 목사님을 청빙하고자 하는 것입니다."

순종을 두려워하지 마십시오. 물론 쉽지 않아 보입니다. 그러나 십자가를 분명히 붙잡았다면 완전한 순종에 대한 두려움이 다 해결됩니다. 주님은 우리를 인도하실 수 있는 분이요 순종은 우리에게 가장 편안한 것입니다. 저도 목회하면서 완전한 순종을 결단하고 나자 얼마나 편안해졌는지 모릅니다. 고민하거나 갈등할 것이 없습니다. 주님의 뜻이면 그냥 갑니다. 가장 행복한 길에 들어섰습니다. 예수님을 놓치지 마십시오.

"예수님 한 분이면 진짜 충분합니까?"

"네. 그렇습니다."

LET'S PRAY 주 예수님, 옥토밭보다 돌짝밭 귀한 것을 알게 하시니 감사합니다. 하나님의 나라를 위해 가장 어려운 길을 오히려 기쁨으로 가는 자가 되게 하옵소서. 예수님 한 분으로 충분한 그 기쁨을 주소서. 더 이상 사람이나 환경 여건에 연연하지 않고 예수님 한 분으로 이미 충분히 감사합니다. 행복합니다. 기쁩니다. 우리 안에서 생수의 강이 흘러넘치게 하시고 더 깊은 은혜로 나아가게 하소서. 예수 그리스도의 이름으로 간절히 기도하옵나이다. 아멘.

이러므로 우리에게 구름같이 둘러싼 허다한 증인들이 있으니 모든 무거운 것과 얽매이기 쉬운 죄를 벗어 버리고 인내로써 우리 앞에 당한 경주를 하며 믿음의 주요 또 온전하게 하시는 이인 예수를 바라보자 그는 그 앞에 있는 기쁨을 위하여 십자가를 참으사 부끄러움을 개의치 아니하시더니 하나님 보좌 우편에 앉으셨느니라
히 12:1,2

CHAPTER 05

예수님을 24시간 바라보십니까?

제 둘째 딸아이가 고등학교 다닐 때 일입니다. 학교에 데려다주려고 차를 운전하는 저에게 이런 질문을 합니다.

어느 유명한 목사님이 천국과 지옥을 갔다 온 뒤 책을 내셨는데 딸에게 그 내용이 매우 충격적이었던 모양입니다. 일단 천국에 가보니 제일 좋은 곳에 개척교회 목사님들, 미자립교회 목사님들이 계시더라 하고, 지옥에 가보니 첫 번째 층에 큰 교회 유명한 담임 목사님들이 계시더라고 합니다. 딸아이는 자기 아버지가 그래도 큰 교회의 유명한 목사라고 생각했는지 '그럼 우리 아버지가 지옥에 간다는 건가?'라는 생각이 든 것입니다.

"아빠, 어떻게 생각하세요?"

그런 질문이 있으리라고는 생각하지 못했기 때문에 저도 순간 당황했습니다. 그 책을 읽어보지도 않았는데 그 목사님이 엉터리라고 할 수도 없고, 또 무조건 그 목사님 말씀이 다 옳다고 할 수도 없어서 아무 이야기도 못하고 운전만 하고 있었습니다.

아빠는 뭔가 명쾌한 답을 줄 거라 생각하고 질문했는데 아빠가 아무 대답도 하지 못하는 것을 본 제 딸이 어딘가 불안하기도 하고 답답했는지 분위기를 수습해보려고 나섰습니다.

"아빠, 지옥 맨 밑바닥이 아니라 첫 번째 층이에요."

이 말로 위로가 되었을까요? 그 목사님이 천국과 지옥에 다녀와서 자신의 경험을 책으로 쓰셨다니까 그 내용에 대해서야 논외로 하고, 핵심은 단순히 큰 교회를 담임하는 목사 또는 유명한 사역자가 되는 것에 목회의 목적을 두는 일은 어리석은 일이라는 것입니다.

주님의 경고

예수님도 그 점에 대해 매우 심각한 말씀을 하셨습니다.

그 날에 많은 사람이 나더러 이르되 주여 주여 우리가 주의 이름으로 선지자 노릇 하며 주의 이름으로 귀신을 쫓아 내며 주의 이름으로 많은 권능을 행하지 아니하였나이까 하리니 그 때에 내가 그들에게 밝히 말하되 내가 너희를 도무지 알지 못하니 불법을 행하는 자들아 내게서 떠나가라 하리라 마 7:22,23

어떤 사역을 크게 하거나 목회에 성공하거나 유명한 사역자가 되는 일은 하나님이 우리에게 주시고자 하는 비전이나 개인적인 삶의 목적이 될 수 없습니다. 더 중요한 것은 예수님과의 관계입니다. 예수님이 정말 살아 계신 나의 주님이시고, 내가 예수님과 온전히 동행하는 삶을 사는 것, 그것이 핵심입니다.

제가 《나는 죽고 예수로 사는 사람》이라는 책을 내고 난 뒤 수많은 곳에서 설교 또는 강의를 해달라는 요청이 왔습니다. 그러다 보니 하루도 빠짐없이 어디 가서 말씀을 전해야 하는 스케줄이 잡혔습니다. 그런데 갑자기 입원을 하고 연속적으로 수술을 받게 되어 한 달 동안 꼬박 병원에 있으면서 모든 약속이 저절로 취소가 되고 연말까지 아무 집회에도 나가지 못하게 되었습니다.

병원에 있는 동안 저는 뭔가 하나님께서 저를 다루고 계신다고 느꼈습니다. 그래서 병상에서 기도하기 시작했습니다. 기도가 점점 간절해지면서 방언으로 기도하게 되었고, 방언으로 한참을 기도하자 답답했던 마음이 풀어지기 시작했습니다. 뭐라고 설명할 수 없지만 주님과의 어떤 맺혀 있던 관계가 풀어지는 느낌을 받았습니다.

그때 제 마음 가운데 주님이 단호하게 주시는 생각이 있었습니다. 그것은 제가 말씀을 전할 때 실제로 그 말씀대로 살지 못하면서 말씀만 전하는 것을 절대 작게 여기면 안 된다는 것이었습니다. 마치 육성(肉聲)으로 듣는 것처럼 너무나 분명하게 제게 부어 주시는 주님의 마음이었습니다.

아는 문제와 사는 문제

말씀을 전하기만 하고 그 말씀대로 살지 않는다면 그것은 결코 작게 여길 일이 아닙니다. 하지만 실제로 말씀대로 산다고 어느 누가 장담할 수 있습니까? 그러나 설교자라면 성경에 씌어 있는 대로 전해야 합니다. 설교자 자신이 그대로 살지 못한다고 설교를 안 할 수는 없기 때문입니다.

그 무렵 제가 그런 생각을 하고 있었습니다. 하나님은 그 점에 대해 제게 심각한 경고를 주셨습니다. 말씀 전할 기회가 많아지면서 제가 반드시 명심해야 하며 그렇지 않으면 제게 화(禍)가 될 말씀을 그 날 저에게 주신 것입니다. 저는 하나님의 뜻을 충분히 알아들을 수 있었습니다. 제게 말씀 전할 기회가 많아진다고 그것을 축복이나 성공이라고 생각해서는 안 되며, 여기저기서 말씀을 전해달라 한다고 해서 '내가 이렇게 유명해지고 내가 이렇게 말씀을 잘 전하는 사람이로구나' 생각했다가는 큰일 난다는 것이지요.

하나님께서는 제가 전하는 말씀 그대로 사는지 항상 점검할 것을 말씀해주셨습니다. 만일 앞으로 하나님의 말씀을 전하는 사역을 감당하고자 한다면 그 사람이 준비해야 하는 것은 설교를 잘하는 방법이 아니라 그 말씀대로 사는가 하는 것입니다. 하나님의 말씀대로 살면서 전하는 말씀이야말로 가장 강력한 말씀의 리더십입니다.

하나님의 말씀을 전하는 자로 말씀을 많이 접하고 공부도 하고 그 말씀을 자꾸 설교하다보면 자신이 그 말씀대로 사는지에 대해 둔감해집니다. 말씀에 대해 깨닫는 것이 놀라우면 놀라울수록 그대로 전하고 싶은 마음이 커집니다. 모든 관심이 항상 설교에 있습니다. 교수님의 강의를 듣다가 정말 탁월한 성경 해석이나 성경의 놀라운 비밀을 깨달으면 그대로 설교하고 싶어 합니다. 말씀 그대로 살아야 한다는 생각보다 설교하고 싶다는 생각이 훨씬 앞서는 것이 말씀 사역자의 특징입니다.

우리 자신을 타락시키는 가장 큰 요인, 한국 교회가 가진 총체적인 딜레마가 있습니다. 우리 교인들은 성경을 배우고자 하고,

말씀을 듣고자 하는 갈망이 대단합니다. 한국 교회는 실제로 성경 통독, 성경일독, 큐티를 거의 기본으로 하고 있습니다. 그렇지만 자신이 아는 성경 말씀에 비춰어 그대로 사는가 하는 문제는 이해하기 어려울 정도로 둔감합니다.

이제는 말씀대로 살 수 있다!

실제로 한 가지 확인해보겠습니다. 당신은 항상 기뻐하십니까? 항상 기뻐하는 것이 우리를 향하신 하나님의 뜻이라는 것쯤은 다 아실 것입니다. 그러면 당신은 얼마나 기뻐하십니까? 자신이 항상 기뻐하지 않는다는 것에 대해 그다지 심각하지 않습니다. 항상 기뻐해야 한다는 것을 모르는 것이 아닙니다. 자신이 기뻐하지 않는다는 것을 알고 괴로워서 하나님의 뜻대로 기뻐하며 살게 해달라고 몸부림치며 기도하지 않습니다. 당신은 범사에 감사하십니까? 그것도 우리를 향하신 하나님의 뜻이라고 알고 있습니다. 그렇게 설교도 하고 상담도 하고 권면도 합니다. 그런데 자신이 그렇게 범사에 감사하며 사는지에 얼마나 둔감합니까? 한국 교회는 이 점을 방치하고 있습니다.

하나님께서 병원에서 주신 말씀은 두렵고 떨리는 말씀이었습니다. 저의 실상을 그대로 보여주신 말씀이었어요. 설교를 잘하고 싶은 생각만 있지, 전하는 말씀 그대로 사는지 전혀 점검해보지 않는다는 것은 무서운 타락입니다. 여기서부터 목회의 위기가 옵니다. 목회가 어려울 때는 어려우니까 늘 기도의 삶을 살게 되고 겸손할 수밖에 없습니다. 목회가 어려우면 하나님 앞에 크게 잘못하는 것은 없습니다. 목회 현장의 어려움은 목회가 좀 성공하면 따라옵니다. 전하는 말씀 그대로 살아가지 않는 한 목회 성공이든 유명한 설교자든 차라리 되지 않느니만 못합니다.

저는 그날 이후 심각한 고민이 생겼습니다. 그런데 하나님께서는 어떻게 말씀대로 살아야 하는지 그 문제에 대한 답까지 이미 준비해두셨습니다. 그러면 어떻게 말씀대로 살면서 말씀을 전할 수 있을까요? 예수님이 나와 함께 계신다는 사실을 분명히 알면 그 상태에서는 말씀대로 살지 않을 수 없습니다. 나 자신이 특별해서가 아닙니다. 나는 여전히 죄인이지만 이제는 주님의 말씀대로 살 수 있게 됩니다. 주님이 나와 함께 계신 것을 분명히 알기 때문입니다.

우리의 육신은 죽을 때까지 변하지 않습니다. 말씀을 많이 읽고 기도를 많이 해서 변화되고 경건하고 죄성(罪性)이 거의 없어지고 성화(聖化)된 사람이 되는 것이 아닙니다. 우리의 육신은 똑같습니다. 여전히 더 가지고 싶고, 더 먹고 싶고, 더 누리고 싶어 합니다. 성적인 욕구, 음란에 대한 유혹도 똑같습니다. 나이가 많아진다고 달라지는 것도 아닙니다.

그런데 우리가 어떻게 거룩한 삶을 살 수 있습니까? 기독교는 도(道)를 닦는 종교도 아닙니다. 오직 우리와 함께 계시는 임마누엘 예수님 때문입니다. 실제로 그 예수님을 인격적으로 알고 내가 항상 예수님을 바라보게 되면 우리에게는 여전히 죄성을 가진 육신이 있지만 이제는 육신의 종노릇 하지 않게 된다는 것입니다. 오히려 영(靈)으로 내 육신을 다스릴 수 있게 됩니다.

이것이 하나님이 우리를 거룩하고 경건하게 만드신 계획입니다. 우리가 거룩하고 경건해지는 것은 우리 노력으로 되는 것이 아닙니다. 전적으로 주님으로 인해 되어지는 것입니다. 주님이 우리를 그렇게 만들어 가십니다. 이것이 바로 나는 죽고 예수로 사는 복음의 핵심입니다.

주님의 임재를 바라본 사람의 변화와 회개

어느 신대원에 다니던 전도사님이 유급을 했습니다. 그의 사연은 이러했습니다. 한 학년을 잘 마친 이 전도사님이 어느 날 갑자기 학교로 찾아와 본인은 유급이 되어야 한다고 했습니다. 이유는 채플 과목에서 패스 가능한 출석 일수가 모자라기 때문이라는 것입니다. 채플은 학생들의 특성상 교회에서 특별한 행사가 있어 빠질 경우에는 결석으로 치지 않습니다. 그런데 본인이 교회 행사가 있다고 하고 채플에 빠졌는데 사실은 개인적인 일로 빠진 날이 하루 있기 때문에 자신은 채플 과목이 패스가 아니고 그렇기 때문에 자신이 유급이라는 것이었습니다.

학교에서는 이미 학사 처리를 마친 상태였기 때문에 곤란했습니다. 학교 행정상 수정하는 것이 복잡하니 그냥 교회 행사에 참석한 것으로 하자고 만류해보았지만 전도사님은 그럴 수 없다고 했습니다. 왜냐하면 그가 주님의 임재를 바라보게 되었기 때문입니다. 예수님이 자신과 함께 계신다는 것이 결론이 되자 그 문제가 머릿속에 떠올랐고 그래서 학교에 찾아간 것입니다.

"… 그래서 저는 유급이 되어야 합니다."

저는 그 전도사님이 눈물 날 정도로 고맙습니다. 비록 공부를 더 한다는 것이 본인에게 매우 힘든 일이기는 하겠지만 그렇게 시작해야 하는 것입니다.

저희 목사님 중에서 감리교단의 진급 시험을 보던 중 성경 시험을 커닝한 분이 있었습니다. 물론 목사님만 알고 있는 일이었습니다. 그날 돌아와서 일기를 쓰는데 그 사건을 쓸 수밖에 없었습니다.

"하나님, 제가 오늘 커닝을 했습니다."

목사님은 다음날 교단에 찾아가 유급을 신청했습니다.

"제가 성경 시험에서 커닝을 했습니다. 유급시켜주시면 제가 더 공부하겠습니다."

교단에서도 난감해 했지만 본인이 극구 원해서 유급되었습니다. 이렇게 예수님이 나와 함께 계신다는 것을 믿고 사는 일은 우리를 전혀 다르게 살도록 만듭니다. 나의 삶 전체가 예수님 때문에 바뀝니다.

교리적인 지식 vs 살아 있는 관계

믿음의 주요 또 온전하게 하시는 이인 예수를 바라보자… 히 12:2

이 성경을 새번역 성경으로 다시 읽어보면 "믿음의 창시자요 완성자이신 예수를 바라봅시다"라고 나옵니다. 그러니까 예수님의 임재하심을 내가 정말 누리고 살려 하면 그분의 임재가 믿어진다는 것입니다. 믿음은 믿어지는 것입니다. 진짜 예수님이 나와 함께하시는 것이 믿어집니다. 이것이 얼마나 놀라운 삶의 변화인지 아십니까?

예수님이 나와 함께 계시는 것을 믿어야 되겠다는 것도 귀중한 결단입니다. 하지만 "믿어야 되겠다"는 데는 아직 능력이 없습니다. 믿어지면 끝입니다. 어떻게 그렇게 믿어질까요? 예수님을 바라보십시오. 믿음의 시작이요 믿음의 완성이신 예수를 바라봅시다.

혼자 있을 때도 예수님이 나와 함께하신다는 것이 믿어지면 죄지을 사람이 하나도 없을 겁니다. 만약 내가 은밀한 죄를 짓고 있다면 죄의 유혹이 강해서가 아닙니다. 주님이 나와 함께 계신 것이 믿어지지 않기 때문입니다. 사람들이 보고 있어도 죄를 못 짓는데 하물며 주님이 나와 함께 계시는데 어떻게 죄를 지을 수 있겠습니까? 만약 내게 염려와 두려움이 있다면 걱정거리가 있어서가 아닙니다. 주님이 나와 함께 계신다는 것이 믿어지지 않아서입니다.

말씀대로 살아지지 않는 것은 예수님과의 관계에 문제가 있기 때문입니다. 우리는 구원의 조건으로 '믿음'을 강조합니다. 예수님이 십자가에서 우리의 죄를 사해주신 속죄에 대한 믿음으로 우리는 구원을 받습니다. 구원의 조건은 믿음뿐입니다. 그런데 그것이 교리적인 믿음일 수 있다는 것을 아시나요? 속죄에 대한 확실한 믿음이 있지만 하나님 앞에 갔을 때 그 믿음이 통하지 않는다면 어떻게 하시겠습니까? 분명히 구원의 확신이 있습니다. 십자가에서 나의 모든 죄가 사함을 받았다는 것을 확실히 믿었습니다.

그런데 하나님께서 그 믿음이 죽은 믿음이라고 말씀하시는 일이 벌어질 수 있다는 것입니다.

그렇다면 어떻게 믿어야 진짜 믿음입니까? 예수님이 내 죄를 용서해주시기 위해 십자가에 죽으셨다는 것이 진짜 믿어지면 나는 원수도 용서할 수 있고 사랑할 수 있게 됩니다. 그것이 진짜 믿음입니다. 지옥에 갈 수밖에 없던 나를 위해 하나님께서 독생자를 보내어 내 대신 죽이시고 나를 지옥에서 건져 천국에 갈 자로 만들어주신 것을 내가 믿는다면 나는 원수라도 용서하고 사랑하게 되는 것이 당연합니다.

그런데 우리는 이상한 믿음을 가지고도 확신이라고 말하는 경향이 있습니다. 예수님을 인격적으로 알지 못하면 우리는 이렇게 교리적인 믿음을 믿음이라고 주장할 때가 있습니다. 주님이 나와 함께 계시는 것이 믿어지지 않으면 아무리 예수님이 나의 왕이라고 말해도 기쁨과 평안이 오지 않습니다. 참 기쁨과 평안은 교리로 얻어지는 것이 아닙니다.

하나님나라에 대한 모든 교리적 지식을 가졌다 할지라도 순교의 믿음은 다른 문제입니다. 순교의 믿음은 예수님이 내게 정말 살아 계시는 주님이시고, 내 왕이 되시는 것을 실제로 알 때 따라오는 믿음입니다. 하나님나라에 대한 교리를 완벽하게 안다고 해도 죽음은 여전히 두렵습니다. 나와 예수님과의 살아 있는 관계만이 성경에 있는 모든 복음이 내게 능력 있는 복음 되게 합니다.

예수님 손 붙잡고 가는 믿음

예수님이 나와 함께하시는 것이 믿어지지 않는 이유는 한 가지뿐입니다. 예수님을 바라보지 않는 것입니다. 오늘 아침 잠자리에서 눈을 떴을 때 당신은 예수님을 생각하셨습니까? 예수님이 내 안에 계신다고 고백하고 그렇게 귀하게 여기는 주님이신데 그 예수님께 눈을 뜨자마자 어떻게 하셨나요? 어린 조카나 자녀나 어린 아기가 잠자는 모습은 정말 예쁩니다. 우리가 잠든 동안에도 우리 주님은 우리의 모습을 지켜보시며 기뻐하십니다.

"얘는 잠자는 것도 예쁘네."

주님이 우리를 그렇게 평생 보고 계신 것을 아십니까?

> 너의 하나님 여호와가 너의 가운데에 계시니 그는 구원을 베푸실 전능자이시라 그가 너로 말미암아 기쁨을 이기지 못하시며 너를 잠잠히 사랑하시며 너로 말미암아 즐거이 부르며 기뻐하시리라 하리라 습 3:17

이 사실을 반드시 믿으셔야 합니다. 아기가 새근새근 잠든 모습을 봐도 기쁘지만 자다가 깨서 눈을 반짝 뜨면 또 얼마나 예쁜지 모릅니다. 주님이 우리를 그렇게 보십니다. 자다가 눈을 뜨면 환호성을 지르십니다. 주님이 우리를 그렇게 기뻐하시는데 우리는 그분께 조금이라도 반응하나요? 아침에 일어나자마자 주님께 이렇게 인사하셨습니까?

"주님, 밤새 지켜주셔서 잘 잤습니다. 감사해요. 오늘 하루도 은혜가 충만한 하루가 되기 원합니다. 꼭 함께해주세요."

아니면 주님께 눈길 한 번 안 주고 화장실부터 가셨나요? 그럼 우리 주님이 얼마나 허탈하셨을까요? 하루 세끼 식사하실 때마다 주님을 생각하시나요? 예수님은 밥 같이 먹자고 우리에게 오셨는데, 우리는 밥 먹을 때 주님을 얼마나 생각합니까? 계속 반찬만 묵상하고 있지는 않나요? TV만 보는 것은 아닙니까?

우리는 주님께 전혀 관심이 없습니다. 심지어 수련회나 특별 집회로 모인 자리에서도 우리는 주님 한 분께 온전히 집중하지 못합니다. 성경을 읽고 기도할 때, 예배드릴 때에도 주님을 바라보지 않습니다. 이토록 주님의 임재에 대한 믿음이 없는 것이 우리의 현실입니다.

우리가 언제 주님에 대해 관심을 가집니까? 큰 시험을 앞두고,

자식 문제로, 아프거나 병에 걸렸을 때 우리는 우리 자신이 급할 때 무엇이 필요할 때만 "오, 주여!" 하고 주님을 찾습니다. 그러다가 급한 문제가 지나가고 나면 또다시 주님에게 관심이 없어집니다. 이렇게 주님이 우리를 통해 역사하시려고 할 때 우리는 대부분 주님을 바라보고 있지 않습니다.

성결교의 유명한 부흥사였던 이성봉 목사님의 일화입니다. 그는 항상 오른손 주먹을 꼭 쥐고 다니셨습니다. 그래서 어떤 분은 손가락에 장애가 있는 줄 알았다고 합니다. 하지만 악수를 해보면 두툼한 손에 아무 문제가 없었습니다. 그런데 왜 항상 오른손 주먹을 쥐고 다니셨을까요? 이성봉 목사님이 웃으면서 말씀하셨다고 합니다.

"예수님 손 붙잡고 가는 거예요."

이성봉 목사님은 정말 예수님이 자신과 함께 계신 것을 실제로 믿고 사셨습니다. 항상 주님의 손을 붙잡고 사셨지요. 그 목사님을 통해 어떻게 그렇게 강한 역사가 일어났습니까? 그 분이 주님이 함께 계신다는 것을 진짜 믿은 것입니다. 예수님이 나와 함께 계신다는 것을 믿고 바라보기만 해도 주님은 우리를 통해 엄청난 일을 하십니다. 주님을 바라볼 수 있으면 됩니다. 그러면 말씀대로 살 수 있습니다.

나도 주님을 바라보리라

저는 2008년도에 교회의 허락을 받고 안식월을 가졌습니다. 한 달간 요양하며 쉴 때 프랭크 루박(Frank Laubach) 선교사님을 알게 됐습니다. 그 선교사님은 우리가 가진 문제로 똑같이 고민한 분이었습니다. 그는 미국인으로 필리핀에서 선교사로 사역하셨습니다.

프랭크 루박 선교사님의 고민은 '하나님이 정말 살아 계시는데 왜 내 삶 속에서 역사하지 않으시는가?' 하는 것이었습니다. 하나님은 분명히 살아 계시고 나와 함께 계신 것을 알지만 자신에게 주님과 함께하는 분명한 체험이 없다는 그의 고민은 우리가 가진 고민과 같습니다. 안 믿는 것은 아닙니다. 하지만 삶 속에서 주님의 임재를 항상 느낄 수 있는 것도 아닌 그런 삶에서 나온 고민입니다.

그는 1930년 1월 1일부터 결심을 합니다.

"하나님이 정말 살아 계시고 나를 보고 계신다면 나도 하나님을 바라보아야겠다. 나도 계속 하나님을 바라보고 살아보자."

그리고 결심한 것을 끝까지 지키기 위해 일기를 쓰기 시작했습니다. 하나님을 계속 바라본 삶의 기록을 하루하루 남깁니다. 내가 오늘 아침 눈을 뜨면서 주님을 바라본 것, 오늘 밥을 먹을 때 주님을 바라본 것, 오늘 하루를 시작하면서 하나님이 처음 의식이 된 것이 언제였는지, 또 어떤 사람을 만났을 때 주님을 바라보았는지, 주님을 바라보고 사는 자신의 삶을 기록으로 남기는 것입니다.

그의 일기가 《프랭크 루박의 편지》(생명의말씀사)라는 제목의 책으로 나와 있습니다. 그의 일기가 보고 싶어서 국내에 출간된 책이 있는지 백방으로 찾아보았지만 찾지 못하다가 찾게 되었는데 일기가 아니라 편지라는 제목으로 나와 있었습니다. 게다가 내용을 모르면 읽어도 감동이 없습니다. 그냥 평범합니다. 프랭크 루박 선교사의 하루 일과를 써놓은 것입니다.

그렇지만 내용을 알고 읽으면 엄청납니다. 그 일기를 하나하나 읽기 시작하면 3월이 다르고 4월이 다르고 5월이 다르고 6월이 다릅니다.

1930년 1월 26일. 우리 교회에서는 이런 찬송가를 즐겨 불렀습니다. 그렇지만 나는 그 내용대로 실천해본 적이 없었습니다. "언제나 주는 날 사랑하사 언제나 새 생명 주시나니 영광의 기약이 이르도록 언제나 주만 바라봅니다."

우리가 다 가진 고민입니다. 찬송가를 부를 때마다 그 가사가 내 삶인가 떠올려보면 그렇지 못한 것처럼 프랭크 루박 선교사님도 그랬습니다.

1930년 3월 1일. 보이지 않는 손이 내 손을 붙들고 있으며 또 다른 한 손은 앞을 가리켜서 앞길을 예비합니다. 이 느낌이 날마다 커지고 있습니다. … 주변 사람들이 나를 대하는 태도가 달라지고 있습니다. 전에는 도무지 극복할 수 없다고 생각했던 장애물들이 신기루처럼 사라지고 있습니다. 나를 의심하거나 무시했던 사람들이 나와 가까워지고 있습니다.

1930년 4월 18일. 이제 하나님과 조화되지 않는 것은 어느 것이든 역겹게 느껴집니다. 오늘 오후에는 하나님께 사로잡히는 것이 나에게 엄청난 기쁨으로 다가왔습니다. 이런 느낌을 지금까지 한 번도 경험해본 적이 없습니다. 하나님이 무척이나 가깝고 다정스럽게 여겨져서 다른 것들을 통해 얻는 만족은 비할 바가 아니었습니다. 이런 경험을 이제 일주일에 서너 차례씩 하게 됩니다. 하나님과 1시간 동안 친밀한 교제를 하고 나면 내 영혼은 지금 막 내린 눈같이 맑아져 있음을 느낍니다. 어디를 가나 사람들은 아름답습니다.

1930년 5월 24일. 나는 아무것도 염려하지 않게 되었고 잠도 설치지 않게 되었습니다. 또 대부분의 시간을 즐거운 기분으로 지내게 되었습니다. 심지어 거울을 보면 내 눈과 얼굴에서 새로운 빛이 도는 것 같습니다. 모든 것이 순조롭게 돌아가고 있습니다.

"하나님은 더 이상 낯선 분이 아닙니다. 주님은 온전히 제 안에 계십니다. 여기에…"

프랭크 루박 선교사님은 매일매일 주님을 계속 바라보며 그 생활을 일기로 쓰면서 6개월을 살아보았습니다. 그랬더니 주님의 임재하심을 놀랍게 경험하게 됐다는 것입니다. 주님은 정말 함께 계십니다. 그렇게 믿자는 게 아닙니다. 그렇게 믿어진 것입니다.

프랭크 루박 선교사처럼

알고 보니 프랭크 루박 선교사님이 대단히 유명한 분이었습니다. 미국의 우표에 선교사님의 초상이 올라가 있는 것은 프랭크 루박 선교사님이 유일하다고 합니다. 세계문맹퇴치선교회(World Literacy Crusade)를 설립한 분이자 정치적 지위도 없는데 미국의 외교 정책에 자문 역할까지 했던 분이었습니다. 필리핀의 구석에서 선교 사역을 했지만 그의 영향력은 엄청났습니다. 어떻게 그럴 수 있었을까요?

그 비밀은 프랭크 루박 선교사가 매일 주님을 바라본 것입니다. 그리고 그것을 계속 일기로 쓴 겁니다. 제가 그 책을 읽고 우리 교회에서 남자 성도님들과 함께 실제로 그 일기를 써보기로 했습니다. 우리가 예수님을 믿는데, 예수님이 우리와 함께하시는 것이 잘 믿어지지 않는다면 프랭크 루박 선교사처럼 우리도 한 번 해보자고 했습니다.

우리가 한 일은 간단합니다. 아침에 눈 뜰 때부터 밤에 잘 때까지 내가 얼마나 예수님을 생각하는지 계속 써보는 것입니다. 그리고 일주일에 한 번 모여서 그것을 나눠보았습니다. 우리가 한 일은 그것밖에 없습니다. 부흥회를 한 것도 아니고, 특별한 성령 체험을 한 것도 아닌데 영성일기를 쓰기 시작하자 사람들이 변화되기 시작했습니다.

강력한 성령 체험을 했던 사람이라도 주님과 전혀 동행하지 않는 사람을 많이 봅니다. 우리가 특별히 강력한 어떤 은혜 체험 때문에 주님의 임재 가운데 살아가는 것은 아닙니다. 과거의 그 체험이 지금 예수님과 동행하는 믿음을 갖게 해주지는 않습니다. 엄청난 체험을 하고도 무섭게 타락하는 사람들을 많이 보았습니다. 주님의 임재란 한두 번의 강력한 체험이 아닙니다. 계속 주 예수님을 바라보는 태도입니다. 한 번 바라보는 것이 아닙니다. 하루만 바라보는 것이 아닙니다. 한 주, 한 달, 6개월, 1년을 계속해서 주님을 바라보는 것입니다.

우리 교회 남자 성도들이 좀 어설프기는 해도 일기를 쓰기 시작했고 3개월쯤 지나자 한 성도님이 아내에게 비자금을 다 내놨다고 합니다. 남편이 비자금을 왜 숨길까요? 아내 몰래 숨기는 것은 뭔가 아내 몰래 쓸 일이 있기 때문입니다. 그런데 24시간 예수님을 바라보는 일기를 쓰다보니 아내 몰래 비자금을 쓸 일이 없어졌습니다. 이제는 아내에게 얘기하지 못할 일이 아예 없습니다. 장판 아래 감춰둔 비자금의 실체만 계속 신경이 쓰였습니다. 혹시 아내가 찾아내면 얼마나 배신감이 느껴질까, 그냥 두었다가 잊어버리고 이사라도 가는 날에는 다른 사람 좋은 일 시키게 되는데 그냥 둘 이유가 없었습니다. 그래서 비자금을 모아둔 사실을 아내에게 고백하고 그 돈을 아내에게 주었다고 합니다.

자신이 음란 동영상을 끊지 못할 거라고 생각했던 한 집사님에게도 음란 동영상이 끊어지는 변화가 일어났습니다. 그동안 금식도 하고 철야도 해보았지만 끊어지지 않던 음란 동영상이 3개월

동안 주님을 바라보니까 끊어졌습니다. 뜨거운 성령 체험을 한 것이 아닙니다. 계속해서 주님을 바라보니까 주님이 함께 계시는 것이 믿어지고, 주님이 함께 계시는 것이 믿어지는데 어떻게 음란 동영상을 볼 수 있겠습니까? 집에서 가족들에게 짜증과 혈기 부리고 살았는데 혈기가 다시 일어나지 않는 일들, 자신을 비판하는 사람이 품어지는 그런 일이 어떻게 가능하지요? 주님을 바라보았기 때문입니다.

그저 주님을 바라보았을 뿐인데…

가장 놀라운 변화가 저에게도 일어났습니다. 저는 사람은 변하지 않는다고 생각했습니다. 제가 신학교 다닐 때, 교수님도 사람은 예수님을 믿어도 자기 성질대로 믿는다고 그러셨고 저도 예수를 믿어도 성질은 안 바뀌는 거라고 믿었습니다.

그런데 제 성질이 바뀌는 겁니다. 저도 성령의 체험을 강력하게 했던 적이 있고, 몇 번의 큰 결단을 해보기도 했습니다. 그렇지만 항상 좌절을 맛보았습니다. 제 성질은 다시 살아났고 옛 성질로 돌아가버렸습니다. 이렇게 평생 살다가 죽을 때 하나님 앞에 가서 변하는 거라고 체념하고 있었습니다. 그런데 24시간 주님을 바라보며 일기를 계속 써가면서 사람이 바뀌는 것을 경험했습니다.

> 그런즉 누구든지 그리스도 안에 있으면 새로운 피조물이라 이
> 전 것은 지나갔으니 보라 새 것이 되었도다 고후 5:17

이 말씀이 실제가 되기 시작했습니다. 지금 저희 교회는 전 교인이 영성일기를 쓰는 일에 도전하고 있습니다. 매일 일기를 써서 인터넷 카페에 올리고 나눔방을 통해 서로 나눕니다. 영성일기를 쓰는 프로그램을 교회 홈페이지에 연결시켜놨습니다.

저도 매일 일기를 씁니다. 저는 부목사님들과 같이 일기를 씁니다. 어제도 썼고 오늘도 일기를 정리하다보니 부목사님 일기가 올라옵니다. 매일 서로 읽고 댓글을 달아줍니다. 어떤 분들은 담임목사와 부목사가 서로 숨이 막혀서 어떻게 사느냐고 하시는데 저는 지금까지 부목사님들과 이런 관계를 누리고 산 적이 없습니다. 담임목사와 부목사가 정말 가깝게 느껴집니다.

> 이와 같이 우리 많은 사람이 그리스도 안에서 한 몸이 되어 서로
> 지체가 되었느니라 롬 12:5

신학적으로 다 알지만 실제로 교회에서조차 느낄 수 없었는데 서로 일기를 나누며 살아보니 몸으로 느껴졌습니다. 부목사님에

게 어떤 고민이 있고 어떤 기도를 하고 가정에 무슨 일이 있었는지 다 알게 됩니다.

어느 날 제가 부목사님의 일기를 읽다가 깜짝 놀랐습니다.

"오늘은 담임목사님께 무지 깨졌다. 이제는 떠나야 할 때가 됐나 보다. 그런데 아내가 정말 정신 똑바로 차리라고 이야기해줘서 다시 생각해보니 이런 생각을 하는 것은 주님이 기뻐하시지 않을 것 같았다."

제가 댓글에 "목사님, 미안해요"라고 썼습니다. 저는 깨지 않았지만 본인이 깨졌다고 생각하니까요. 그런 일이 서로 나눠진다는 사실이 너무 놀랍지 않습니까?

제가 영성일기 쓰기에 도전한 첫 주간에 어느 부목사님이 쓰신 일기의 내용입니다.

1월 5일. 새벽에 일어나면 정신이 멍하다. 새벽에 일어나면 먼저 예수님을 생각하라고 그랬는데 너무 피곤하다. 비몽사몽간에 세면기 앞에 서서 예수님 생각을 했다.

1월 7일. 예수님 생각을 하는 횟수가 늘어난 것이 사실이지만 아직 24시간 주님을 바라본다고 하기에 여러모로 부족하다는 생각이 든다. 몇 가지 변화가 있다면 생각이 많이 달라지고 있다는 것이다. 죄의 유혹이나 악한 생각이 오면 즉시 깨닫는다. 마음에 품지 않는다.

1월 8일. 자다가 잠깐잠깐 잠이 깼다. 그때마다 예수님 생각이 났다. 아침에 일어나서도 예수님 생각이 가장 먼저였다. 세상에 이런 일이 다 있네.

영성일기를 쓰기 시작하자 며칠 안 되어 예수님 생각이 먼저 났습니다. 아침에 일어나자마자 그냥 예수님 생각부터 났다는 이 고백이 얼마나 놀라운 일인지 아십니까? 이제 비로소 예수님을 영접해서 주님과 함께 살기 시작한 것입니다.

6개월의 믿음의 실험

실제로 우리가 정말 예수님과 함께 사는지, 일기를 써보면 너무 당황스러운 경험을 하게 되실 겁니다. 우리가 주님 생각을 못하고 하루 종일 삽니다. 교회에서 주님의 일을 한다고 해도 우리는 계속 일 생각하고, 사람 생각하고, 어려운 일 묵상하며 그렇게 살아갑니다. 주님이 나의 삶에 영향력을 거의 미치지 못합니다. 주님은 미처 내게 사랑의 주님이 아니십니다.

그렇지만 "주님, 제가 내일 아침에 일어날 때 주님 생각하기를 원합니다. 제가 내일 식사할 때 주님 생각하기를 원합니다. 제가 내일 사람들을 만날 때에도 주님 생각하기를 원합니다" 이렇게 일기에 쓰고 기도하고 잠자리에 들었다가 아침에 일어나면 놀라운 일이 벌어집니다. 주님을 생각하게 되면서 비로소 주님으로부터 능력을 받게 되는 것입니다.

어느 집사님이 일기를 처음 쓰게 된 날이었습니다.

12월 28일. 큰아들에게 엄마가 쓰는 일기에 대해 이야기해주었다. 오늘은 두 아들이 방학하는 날이다. 아이들은 너무 기뻐했지만 엄마인 나는 말할 수 없는 걱정이 몰려왔다. 이제 이 아이들과 44일간의 험난한 대장정을 어찌 헤쳐 나갈까. 게다가 바로 이 순간 주님과 24시간 동행하며 일기를 써야 하다니…. 일기를 쓰는 첫 날, 정말 기적적으로 아이들의 전쟁 상황에도 고성과 잔소리가 사라졌다. 작은 목소리로 타이르거나 야단칠 마음을 참고 지나갔다. 내가 계속해서 주님만 생각하고 주님께 집중하다 보니 아이들이 호사를 누리는 날이 되었다. 큰아들이 다른 때와 다른 엄마를 보고 물었다.

"엄마, 그 일기 언제까지 쓸 거예요?"

일기를 쓴 첫 날부터 정말 놀라운 일이 벌어졌습니다. 주님을 생각만 하고 사는 것, 그 자체가 이렇게 놀라운 것입니다. 작년에 저희 교회에서 어떻게 이런 일이 벌어질 수 있을까 하는 일들이 정말 많이 일어났습니다.

처음 일기 쓰기를 시작할 때, 제가 루박 선교사님으로부터 도전을 받은 시간이 6개월이었습니다. 그동안 저 역시 주님을 생각한다고 나름대로 애를 많이 써왔습니다. 그것이 며칠, 길어야 몇 주, 그러다가 바쁜 일이 생기면 주님 생각하는 일이 흐지부지되고 그러다보면 다시 옛날 상태로 돌아가기 일쑤였기 때문에 주님을 바라본다는 것이 뭔지, 주님을 바라봐서 어떻게 된다는 것인지 저 자신이 잘 알지 못했습니다.

그런 제가 루박 선교사님을 보고 '6개월만 해보면 이런 역사가 일어나겠구나'라는 기대를 가지고 개인적으로 한 달의 고비를 넘기고 두 달의 고비를 넘기고 석 달의 고비를 넘긴 것입니다. 처음 일기를 써보자고 할 때에도 우리가 루박 선교사님처럼 일기를 쓰다보면 6개월쯤 지났을 때 놀라운 일이 벌어질지 모른다고 도전했는데 실제로 놀라운 일이 일어나기 시작했습니다.

2부 예수님과 동행

주님과의 동행이 이어진 곳

우리 청소년부 아이들도 일기를 쓰기 시작했습니다. 인터넷 세대인 청소년들은 교회에 와서 말씀 듣는 일에 별로 귀가 열려 있지 않습니다. 하지만 자신들만의 이야기를 인터넷에 올려서 나눠 보라고 하자 정말 다양한 프로그램들로 일기를 나누기 시작했습니다. 아이들이 일기를 얼마나 재미있게 쓰는지 모릅니다. 전도사님이나 선생님들은 그 일기를 읽고 그 일기 가운데 상담하고 조언해주고 댓글을 달아주었습니다. 그러자 아이들의 삶 또한 변화가 일어나기 시작했습니다. 아이들이 주님을 바라보고 임재를 경험하자 기도회가 달라지고 기도가 달라지고 신앙생활이 달라졌습니다.

이 아이들이 여름 수련회를 어디로 다녀왔는지 아십니까? 강원도 정선군 사북에 있는 강원랜드에 발 씻어주는 전도를 하고 왔습니다. 처음 십자가를 단 대야를 만들어서 그것을 메고 다니며 만나는 사람마다 그 앞에 무릎을 꿇고 그 사람의 발을 씻어주는 전도를 하겠다고 하자 그 지역 교회에서 그 전도가 꼭 필요한 곳이 있다고 하고 데려간 곳이 강원랜드였습니다. 도박하기 위해 수많은 사람들이 휩쓸려 들어가는 곳, 카지노. 교육 목사님조차 마음이 착잡하고 가슴이 답답해졌습니다.

'과연 이 아이들이 이것을 할 수 있을까?'

목사님은 교회로 돌아와 이번 여름 수련회에는 우리가 카지노에 가서 발 씻어주는 전도를 할 텐데, 결코 쉬운 일이 아니기 때문에 원하지 않으면 가지 않아도 좋다고 말했습니다. 그런데 편안하고 재미있는 수련회를 기대했을 법한 아이들이 마다하지 않고 거의 다 참석하여 카지노 앞에서 사람들의 발을 씻어주는 전도를 했습니다. 아이들이 카지노 앞에서 지나가는 사람들에게 "하나님이 당신을 사랑하십니다" 하고 인사한 다음 그 분들의 발을 일일이 씻겨드렸습니다.

처음에는 도박장에 들어가는 사람이 누가 발을 씻겠다고 할까 싶어 3일간 한 사람의 발이라도 씻어줄 수 있으면 성공이라고 생각했습니다. 그런데 발 씻겨드리는 일이 한두 건이 아니었습니다. 발을 씻겨드리면서 아이들이 울고, 발을 씻는 동안 복음을 들은 사람들도 울고 그 장면을 보는 성도들도 모두 울었습니다.

또 다른 전도 팀은 버스를 타고 사북 일대를 돌며 마을마다 발을 씻어드리기로 했는데 첫 번째 케이스로 버스 운전 기사님의 발을 씻어드리기로 마음이 통했습니다. 그리고 종점까지 따라갔습니다. 종점에 다다르자 외진 마을까지 온 아이들이 걱정스러웠는지 기사님이 먼저 물었습니다.

"이 마을에 온 게 맞니? 여기가 종점이야."

그러자 아이들이 기사님의 발을 씻겨드리고 싶어서 종점까지 따라왔다고 말했습니다. 무안해서 뿌리치는 기사님에게 아이들이 다시 말했습니다.

"예수님이 우리 마음에 기사님의 발을 씻어드리라고 말씀하셨어요. 기사님은 그냥 양말만 벗어주세요."

그런 다음 아이들이 발을 씻어주기 시작하자 그 기사님이 눈물을 흘렸습니다. 자녀들이 교회에 가자고 전도했지만 극구 교회에 나가지 않던 분이었는데, 아마 그날 아이들을 통해 주님이 자신의 발을 씻겨주시는 느낌을 받은 것 같습니다. 다음날 이 기사님이 운전 기사들에게 발을 씻으라고 이끌어냈고 아이들이 그날 있었던 일을 간증하라고 하면 밤을 새도 모자랄 놀라운 일들이 벌어졌습니다.

정말 평소 같으면 시도해보지 못할 놀라운 일들, 이해할 수 없는 일들이 일어나기 시작했습니다. 여기저기서 "그 일은 주님이 하셨습니다"라고 고백하게 되는 일들이었습니다. 아이들이 주님과 동행하는 일에 눈이 뜨여 24시간 주님을 바라봤기 때문입니다. 예수님을 바라보십시오. 단순하게 주님이 하라고 하시는 일에 순종해보십시오. 우리 주님이 어떤 분이십니까? 우리가 정말 그분을 알면 하나님나라의 비밀이 다 열립니다.

믿음의 주요 또 온전하게 하시는 이인 예수를 바라보자 그는 그 앞에 있는 기쁨을 위하여 십자가를 참으사 부끄러움을 개의치 아니하시더니 하나님 보좌 우편에 앉으셨느니라 히 12:2

내 마음에 계신 주님

저희 둘째 딸이 고등학교 1학년 때 입시 스트레스로 너무나 괴로워했습니다. 학교에 데려다주는데 차 안에서 통곡을 하고 울었습니다. 저는 아이를 위해 기도해주었습니다.

"하나님, 우리 하영이가 주님이 함께 계시는 것을 알게 해주세요. 예수님께서 우리 하영이를 위로해주세요. 붙들어주세요."

간절히 기도하고 마쳤는데 이번에는 또 이렇게 말하고 울었습니다.

"아빠, 아빠는 예수님이 정말 마음에 계신 것이 믿어져요? 난 안 믿어져! 아빠, 정말 예수님이 마음에 계신 게 사실이야? 난 안 믿어지는데…."

저는 아이를 끌어안아줄 수밖에 없었습니다. 기도해줄 수밖에 없었습니다. 안 믿어진다는데 어떻게 합니까? 순간 하영이의 말이 교인들이 하는 이야기처럼 들렸습니다. 제가 예수님을 바라보자고 그렇게 설교할 때 교인들이 이런 마음이었겠구나 하는 생각이 들었습니다.

"목사님은 믿어지세요? 예수님이 우리와 함께 계시고 마음에 계신 것이 정말 그렇게 믿어지십니까? 주님의 음성이 들리고 주님의 인도하심이 느껴지세요? 우리는 잘 모르겠는데요."

그로부터 2년쯤 지난 어느 날, 학교에 데려다주는 차 안에서 하영이가 불쑥 이렇게 말했습니다.

"아빠, 난 아빠가 아니면 하나님을 믿지 못했을 거예요."

"무슨 이야기야?"

그동안 인터넷에서 기독교에 대해 비판적으로 말하는 여러 기사들을 읽어보았는데 솔직히 그 비판에 일리가 있다고 생각될 때가 많았다고 합니다. 그래서 마음에 하나님이 안 계신 게 아닐까 그런 생각이 들다가도 아빠를 보면 진짜 예수님이 마음에 계신 것 같았다는 겁니다.

'아빠는 주님과 만나는 것 같아. 주님이 아빠 마음에 함께 계신 것 같아.'

아빠를 보면 하나님이 안 계신다는 결론을 내리기 힘들다, 하지만 예수님이 마음에 계신지도 잘 모르겠다던 하영이도 영성일기를 쓰기 시작했습니다.

"아빠, 이젠 믿어요. 예수님이 내 마음에 계신 것이 분명해! 이제는 알겠어."

학교에 도착하여 딸아이가 차에서 내렸습니다.

"아빠, 정말 고마워."

차를 돌려 나오면서 제가 울었습니다. 목사의 자녀가 아버지를 보고 믿음을 잃어버릴 수도 있습니다. 제가 집에서 같이 사는 자녀에게 무엇을 감출 수 있겠습니까? 아무리 아빠가 목사지만 하나님이 계신 것 같지 않다고 할 수도 있잖아요?

어느 고등부의 분반 공부 시간이었습니다. 예수님을 믿는 사람과 예수를 믿지 않는 사람의 차이를 주제로 한창 분반이 이루어지고 있었습니다. 아이들의 이야기는 그래도 예수 믿는 사람이 더 낫다는 쪽이 대세를 이루었습니다. 그런데 그 자리에서 담임목사님의 아들이 결정적으로 이렇게 말했습니다.

"똑같아요! 똑같아요!"

분위기는 다 깨졌고 선생님은 몹시 당황했습니다. 담임목사의 아들이라도 예수 믿는 사람이나 아니나 다 똑같다고 말하는 세상에서 아빠 때문에 믿음을 지켰다고, 주님을 만났다고 말해주는 딸이 저는 정말 고마웠습니다. 하지만 제가 어떻게 그럴 수 있었겠어요? 주님을 바라보니까 주님이 저와 함께 계시는 것이 믿어지니까 그 믿음으로 산 것뿐이지요.

내 안에 오신 예수님부터 만나라

주의 날이 밤에 도둑같이 이를 줄을 너희 자신이 자세히 알기 때문이라 그들이 평안하다, 안전하다 할 그 때에 임신한 여자에게 해산의 고통이 이름과 같이 멸망이 갑자기 그들에게 이르리니 결코 피하지 못하리라 살전 5:2,3

그러므로 네가 어떻게 받았으며 어떻게 들었는지 생각하고 지켜 회개하라 만일 일깨지 아니하면 내가 도둑같이 이르리니 어느 때에 네게 이를는지 네가 알지 못하리라 계 3:3

너무나 두려운 말씀입니다. 우리가 도둑같이 임하는 주님을 만나는 것은 죽음입니다. 주님을 만났는데 주님이 도둑같이 임하시면 우리 가운데 견뎌낼 사람이 아무도 없습니다. 그러면 예수님을 도둑같이 임하는 주님으로 만나지 않고 어떻게 만날 수 있을까요? 성령님으로 오신 그 예수님을 만나지 않고, 재림하시는 그 날에 주님을 뵈려고 하면 큰일입니다. 지금 우리 가운데 오신 주님, 내가 그 예수님을 만나는 눈이 열리지 않으면 우리는 재림해 오시는 주님을 도적같이 만날 수밖에 없습니다. 그보다 두려운 일은 없습니다.

한번은 구미에 사는 어느 집사님이 저희 교회에 오셨다가 예배를 드리고 돌아가셔서 제게 메일을 보내주셨습니다.

> "목사님, 목사님을 한 번 뵙고 싶어서 선한목자교회 주일예배에 갔습니다. 인터넷으로만 보아 오다가 실제 강단에 서 계신 모습을 봤는데도 전혀 생소하지 않고 계속 만나 온 그 목사님 같아 정말 친근하고 반가웠습니다. 그래서 목사님께 감사 인사도 하고 식사 대접도 하고 싶었는데 순간 마음을 접었습니다. 제 마음이야 그렇지만 제가 불쑥 찾아가면 목사님은 생소한 저를 보고 당황하실 수 있겠다는 생각이 들었기 때문입니다."

그럴 수 있습니다. 그 집사님은 저를 인터넷으로 늘 보았지만 제가 그 집사님을 어떻게 알겠습니까? 반갑다고 다가오면 매우 당황스러울 수 있는 상황이지요. 그런데 그 집사님이 마지막에 이렇게 쓰셨습니다.

"그러다가 문득 '아, 내가 이 땅에서 주님을 늘 바라보고 주님과 늘 교제하는 삶을 살아가고자 몸부림치는 것이 결코 헛된 것이 아니구나' 하는 것을 깨달았습니다. '주님과 얼굴과 얼굴을 대하여 보는 그날에 생소하지 않겠구나. 주님을 직접 만난 설렘이 환희와 기쁨으로 변하겠구나. 주님도 이미 내 마음을 다 아시고 또 나를 계속 보고 계시니 주님은 내가 생소하지 않으리라.' 언젠가 분명히 주님을 직접 뵐 겁니다. 그렇기에 지금 내가 그것을 믿음의 눈으로 바라보며 내 안에 계신 주님과 충분한 교제를 나눠야겠습니다. 이제 매순간 나의 멘토는 주님이십니다. 사랑합니다, 주님."

우리가 주님을 만나는 것은 재림하실 때가 아닙니다. 주님은 이미 우리 가운데 오셨습니다. 우리가 우리 안에 오신 주님과 친밀하지 않다면, 그러면 우리가 주님을 만나는 그때에 당황하게 될 것입니다. 하지만 주님과 늘 동행하는 자는 주님의 재림을 두려워할 이유가 없습니다.

예수님은 우리에게 분명한 실제가 되십니다. 주님이 실제로 우리의 주인이 되시고 우리의 삶을 이끌어 가시는 삶을 결단하십시오. 한 번의 뜨거운 경험을 구하는 것이 아니라 신실하신 주님 앞에 자신을 내어드리는 꾸준한 삶을 결단해보십시오. 우리 주님은 우리보다 더 갈망이 많으신 분입니다.

LET'S PRAY   아버지 하나님, 주님이 우리 안에 오셔서 우리가 주님을 영접하고 우리가 주님을 계속 바라보고 살 결단을 하게 해주옵소서. 예수님, 우리의 진정한 주님이 되어주시옵소서. 우리의 모든 짐을 다 십자가에 못 박게 하소서. 육신의 정욕과 죄 된 자아가 이미 주님의 십자가에 못 박혔음을 고백합니다. 예수님은 우리와 함께 계시고 우리의 생명이심을 선포합니다. 예수님께 모두 맡기고, 주님 한 분이면 충분하고, 24시간 예수님을 바라보기를 원합니다. 예수 그리스도의 이름으로 간절히 기도하옵나이다. 아멘.

PART 3

예수님과 사랑

나를 사랑하셔서 내 마음에 오신 분, 내 마음에 사시는 분, 예수님은 나를 통해 모든 사람을 사랑하기 원하십니다. 우리가 사랑만 하면 다른 것은 주님이 다 하십니다.

그들이 조반 먹은 후에 예수께서 시몬 베드로에게 이르시되 요한의 아들 시몬아 네가 이 사람들보다 나를 더 사랑하느냐 하시니 이르되 주님 그러하나이다 내가 주님을 사랑하는 줄 주님께서 아시나이다 이르시되 내 어린 양을 먹이라 하시고 또 두 번째 이르시되 요한의 아들 시몬아 네가 나를 사랑하느냐 하시니 이르되 주님 그러하나이다 내가 주님을 사랑하는 줄 주님께서 아시나이다 이르시되 내 양을 치라 하시고 세 번째 이르시되 요한의 아들 시몬아 네가 나를 사랑하느냐 하시니 주께서 세 번째 네가 나를 사랑하느냐 하시므로 베드로가 근심하여 이르되 주님 모든 것을 아시오매 내가 주님을 사랑하는 줄을 주님께서 아시나이다 예수께서 이르시되 내 양을 먹이라 내가 진실로 진실로 네게 이르노니 네가 젊어서는 스스로 띠 띠고 원하는 곳으로 다녔거니와 늙어서는 네 팔을 벌리리니 남이 네게 띠 띠우고 원하지 아니하는 곳으로 데려가리라 이 말씀을 하심은 베드로가 어떠한 죽음으로 하나님께 영광을 돌릴 것을 가리키심이러라 이 말씀을 하시고 베드로에게 이르시되 나를 따르라 하시니 베드로가 돌이켜 예수께서 사랑하시는 그 제자가 따르는 것을 보니 그는 만찬석에서 예수의 품에 의지하여 주님 주님을 파는 자가 누구오니까 묻던 자더라 이에 베드로가 그를 보고 예수께 여짜오되 주님 이 사람은 어떻게 되겠사옵나이까 예수께서 이르시되 내가 올 때까지 그를 머물게 하고자 할지라도 네게 무슨 상관이냐 너는 나를 따르라 하시더라 **요 21:15-22**

예수님을 더 사랑하십니까?

자신이 결혼을 했다고 한번 상상해보십시오. 이제부터 그 결혼이 내 삶에 엄청난 영향을 끼쳐서 그로 인한 영향을 받게 될 것입니다. 또 아기를 낳았다고 생각해봅시다. 나의 삶에 아기가 생긴다는 것이 놀라운 변화를 가져올 것입니다. 예수님을 나의 마음에 분명하게 영접했다는 것은 결혼이나 출산보다 더 큰 의미가 있습니다. 이제 예수님이 나의 마음에 오셨고 나의 주님이 되셨다는 것은 그전과 비교해서 삶 전체가 완전히 달라진다는 뜻입니다. 정말 그렇게 되기를 주님은 간절히 원하십니다.

예수님을 마음에 분명히 영접했다는 것은 예수님을 사랑하게 되었다는 뜻입니다. 내가 주님을 영접하는 것은 "예수님은 내 마음에 계십니다. 이제는 주님과 함께 살겠습니다"라는 사실을 인정하고 진지하게 결단하는 것입니다. 정말이지 엄청난 인생의 변화입니다. 단순히 예수님을 영접해본 사람과 예수님을 계속 바라보며 사는 사람은 다릅니다. 그의 삶과 사역에 엄청난 변화가 있습니다. 계속 주님을 바라보고 산다는 것은 예수님의 삶이 시작되는 것입니다. 내가 주님을 위해서 일하는 것이 아닙니다. 주님이 나를 통해 역사하시는 삶이 이루어지는 것입니다.

주님이 아시는 사랑

이 모든 기본 바탕에 주님에 대한 우리의 사랑이 있습니다. 우리가 예수님을 사랑하기까지 우리는 아무것도 된 것이 아닙니다. 아직 진짜 예수님을 믿은 것도, 주님의 종이 된 것도 아닙니다. 예수님을 정말 사랑하십니까? 예수님은 베드로에게 예수님을 사랑하는지 물으셨습니다.

"네가 나를 사랑하느냐?"

예수님의 가장 큰 관심입니다. 우리를 향한 예수님의 마음도 이와 똑같습니다. 주님은 우리에게 사랑을 물으시고 우리가 대답하기를 원하십니다. 왜냐하면 예수님이 우리를 사랑하셨기 때문입니다. 우리를 사랑하셔도 보통 사랑하신 게 아니라 우리를 위해 죽기까지 사랑하셨습니다.

사랑은 사랑을 부르는 것입니다. 내가 누구를 사랑했으면 그가 나를 믿기만 하는 것으로는 만족이 되지 않습니다. 내가 그를 사랑했으면 그도 나를 사랑하기를 원합니다. 바로 우리 주님이 우리에게 갖는 마음입니다. 주님은 우리가 주님을 정말 사랑하기를 원하십니다.

우리도 "주님, 제가 주님을 사랑합니다"라고 말합니다. 그런데 주님이 어떤 사람의 대답은 대단히 기뻐하시지만 또 어떤 사람의 대답에 대해서는 그다지 만족하지 않으실 수 있습니다. 우리가 주님을 사랑한다고 하면 과연 주님이 그 대답에 기뻐하고 만족하시는지 아닌지 자신을 잘 살펴보시기 바랍니다. 내가 주님을 사랑한다고 고백하면 주님이 아십니다. 내가 주님을 사랑하는지 내가 답을 드리는 것이 아닙니다. 주님이 아십니다.

사랑하는 사람이 있으십니까? 그럼 그가 나를 사랑하는지 아닌지 느껴집니다. 그 사람이 나를 사랑한다고 말은 하는데 마음으로 영 시원치 않은 사람이 있습니다. 분명히 말은 사랑한다고 하는데 내 마음에 기쁘지가 않습니다. 왜냐하면 느껴지지 않으니까요.

부부 상담을 해보면 열이면 열, 남자들은 다 아내를 사랑한다고 합니다.

"목사님, 저는 아내를 사랑합니다."

하지만 남편의 대답에 아내는 미치려고 합니다. 아내는 전혀 그렇게 믿어지지 않기 때문입니다. 그러면 왜 이런 상황이 벌어집니까? 남편이 아내를 사랑한다는 것이 얼마나 자기중심인지 아십니까? 남편이 아내를 사랑한다고 하는데 그것이 어떤 수준인가 하면 부모님도 사랑하고, 자식도 사랑하고, 직장도 사랑하고, 스포츠도 사랑하고, 미스 김도 사랑하고, 아내도 사랑하는 그 사랑입니다. 남자들은 진짜 편리합니다. 그러고도 사랑한다고 하니까 아내가 미치려고 하는 겁니다.

우리 주님의 마음이 이와 똑같으십니다. 주님은 베드로에게 "네가 나를 사랑하느냐?"라고 세 번 물으셨습니다. 주님은 정말 간절히 우리가 주님을 사랑하기 원하십니다. 하지만 우리가 주님을 사랑한다고 하는 그 대답이 주님을 별로 기쁘게 하지 못할 수 있습니다. 주님을 사랑한다는 것이 진짜인지, 우리가 그 점을 놓쳐서는 안 됩니다.

모든 것이 되고 싶은 사랑

앤드류 머레이가 그의 책에서 주님과 나누었던 대화를 소개한 적이 있었습니다. 어느 날 주님이 앤드류 머레이에게 물으셨습니다.

"나는 너에게 어떤 존재냐?"

그러자 앤드류 머레이가 곧바로 대답했습니다.

"언제나 첫째이십니다."

앤드류 머레이는 자기가 대답을 잘했다고 생각했습니다. 그런데 주님이 기뻐하지 않으시는 것 같았습니다.

'내가 뭘 잘못했을까?'

왜 주님이 기뻐하지 않으시는지 앤드류 머레이는 하루 종일 마음이 무거웠습니다. 그러다가 저녁에 깨달았습니다.

'아, 내가 대답을 잘못했구나.'

그래서 다시 주님께 나아가 고백했습니다.

"주님, 주님은 저에게 모든 것이십니다."

그때 주님이 기뻐하시는 것을 느꼈다고 그가 썼습니다.

주님이 나에게 '첫째'가 되시는 것과 주님이 나의 '모든 것'이 되시는 것의 차이를 아시겠습니까? 사랑하는 사람이 "나에게 당신이 항상 첫째야!" 그러면 기쁘십니까? 내가 항상 첫째고, 미스 김이 둘째고, 미스 박은 셋째고 그래도 진짜 기쁘십니까? 사랑하는 사람 사이에 '첫째'라는 것은 그 자체로 하나도 기쁘지 않은 것입니다. 실제로 첫째도 있고, 둘째도 있고, 셋째가 있어도 아무 문제가 없다고 느껴진다면 그것은 사랑을 모르는 것입니다. 그만큼 우리가 예수님의 마음을 모릅니다.

주님은 우리에게 모든 것이 되고 싶어 하십니다. 어떤 분은 그런 주님의 마음을 불편하게 느낄 수 있습니다. 하지만 사랑해서 결혼해보십시오. 자기 남편이, 자기 아내가 자기만 사랑해주기를 원하는 것, 그것이 사랑이고 결혼이잖아요. 우리 주님도 똑같습니다.

주님을 믿지만 사랑하지 않는 문제

한국 교회의 심각한 문제는 예수님을 믿지만 예수님을 사랑하지 않는 데 있습니다. 주님에 대한 사랑에 문제가 있는 것입니다. 플로이드 맥클랑이 《제자도의 본질》에서 아프리카의 목회자들을 보며 크게 가슴 아파한 대목이 있습니다. 그는 남아프리카공화국에서 살고 있습니다. 그는 아프리카 사람들이 에이즈와 말라리아와 전쟁이라는 참혹한 현실뿐 아니라 부패한 관리들과 포악한 정부 지도자들과 심지어 교회 목회자들로부터 고통당하고 있다고 썼습니다.

교회 목회자들 때문에 고통을 당하다니 목회자들이 어때서요? 목회자들이 너무 잘 삽니다. 마치 왕처럼 군림합니다. 너무 명예를 좋아합니다. 플로이드 맥클랑이 아프리카의 교회를 보며 절망합니다. 그럼 한국 교회와 비교해서 어떻습니까? 비슷합니다. 우리는 다 하나님을 믿습니다. 목회하고 사역할 때 정말 믿는 것은 주님 한 분이고 기도도 많이 합니다. 그렇지만 주님을 사랑하는 데 문제가 있습니다. 예수님을 믿지만 예수님을 정말 사랑하지 않는다면 우리가 오히려 주님을 해롭게 하는 자가 된다는 것을 잊지 마십시오.

저에게도 목회를 열심히 해서 교회가 부흥이 되면 좋겠다고 생각했지 주님을 사랑하는 것이 아니라는 것을 깨달은 일화가 있습니다. 큰 회사 대표이사가 등록해서 교인이 되면 마음이 기쁘고 그를 만나러 가는 길이 즐거우면서, 시장에서 장사하다가 부도를 내고 구치소에 수감된 새신자 여 성도를 돌아보는 일에는 시간도 마음도 내지 않는 저를 주님이 깊이 책망하신 사건이었습니다. 제가 왜 두 사람에게 다른 반응을 했을까요? 주님을 정말 사랑했다면 주님께 하듯이 지극히 작은 자인 그 여 성도에게도 했을 텐데 왜 그랬을까요?

> 여기 내 형제 중에 지극히 작은 자 하나에게 한 것이 곧 내게 한 것이니라 하시고 마 25:40

사람을 보는 제 마음의 기준이 주님의 마음이 아니기 때문입니다. 그것이 저를 너무나 두렵게 했습니다.

목회를 열심히 하고 교회가 부흥되면 좋겠다고 생각했지 주님을 사랑한 것이 아니고, 주님이 역사해주시고, 은혜 주시고, 부흥시켜주실 것을 믿었지만 주님을 사랑하는 것이 아니었기 때문에 지극히 작은 자를 돌아보지 못했고 그럴 마음조차 없었던 것입니다. 그것을 얼마나 회개했는지 모릅니다. 우리가 주님을 사랑하지 않으면서도 말만은 그냥 "사랑합니다"라고 할 수 있습니다. 내가 정말 주님을 사랑하는지 아닌지 주님이 분명히 아십니다.

저는 어릴 때부터 목사의 아들로 자라면서 실제로 교회 안에서 예수님을 믿는다고 하지만 예수님을 사랑하지 않는 교인들을 많이 봤습니다. 하나님 앞에 드리는 예배가 기쁘지 않은 교인들을 많이 봤습니다. 그 교인들이 언제 가장 기뻐하는지 아십니까? 예배가 끝나는 시간을 가장 기뻐합니다.

'아, 이제 끝났다!'

얼굴이 환하게 피어납니다. 예배 시간 내내 추도식 분위기였는데 예배가 끝나는 시간이면 생일잔치 같습니다. 예배드릴 때 결혼하는 신랑신부 같지 않고 마치 결혼 대행업체 직원 같습니다. 주님을 사랑하면 그럴 수 없는데, 많은 목회자들이 파티 플래너 역할을 합니다. 예배를 정성껏 섬기지만 그것은 많은 '일'을 한 것입니다. 그렇기 때문에 예배가 끝나면 지쳐버립니다. 단적으로 우리가 얼마나 율법적인 생활에 매여 있는지, 예수님을 믿기는 해도 사랑하지는 않는지 잘 말해줍니다.

주님을 사랑해서 하는 일인가?

수요예배가 끝나고 속회(구역)의 속장님이신 남자 권사님(감리교회에서 안수집사에 해당함)을 만나 인사를 나눈 다음 지난 주일에 결석한 속회원들을 심방하셨는지 물었습니다. 저는 심방을 강조합니다. 속장님들은 속회원이 주일에 결석하면 반드시 심방하고 수요일에 교역자에게 알려주어야 합니다. 그래야 교역자가 정리해서 다시 심방할 수 있기 때문이지요.

"권사님, 주일에 빠진 아무개 성도님, 심방해보셨어요?"

제가 이렇게 물었습니다. 그런데 그 권사님의 반응에 제가 충격을 받았습니다.

"목사님, 우리도 좀 삽시다!"

아니 목사가 속장에게 주일에 나오지 못한 교우를 심방했는지 묻는 것은 당연합니다. 그런데도 계속해서 짜증 섞인 권사님의 하소연이 이어졌습니다.

"목사님, 오늘 저녁도 못 먹고 직장에서 바로 왔어요."

순간 분위기가 이상해지고 주위에 교인들이 많아졌습니다. 더 이상 이야기를 나눌 상황이 아니라서 제가 그 권사님에게 말했습니다.

"권사님, 제 방에 가서 기다리시면 곧 가겠습니다. 이야기를 좀 하고 가시죠."

저도 속이 부글부글 끓었지만 제 감정을 드러내지 않고 되도록 부드럽게 말했습니다. 돌아서서 다른 교인들과 인사를 했지만 제 머릿속은 이미 하얘져버렸습니다. 하지만 권사님을 다시 만난 자리에서 마음을 가라앉히고 차분히 말씀드렸습니다.

"권사님, 제가 저녁도 못 드신 것을 전혀 몰랐어요. 권사님 생각하시기에 목사가 내 심정은 알아주지도 않고 심방부터 묻는 것에 대해 화가 나신 것을 충분히 이해합니다. 그렇지만 권사님, 권사님은 속장님이시잖아요? 권사님이 결석한 분들을 파악해서 월요일, 화요일, 수요일 오전까지 어떤 식으로든지 심방을 해주셔야 결석한 분의 믿음이 다시 회복되고 그러면서 교회가 부흥하는 거잖아요."

여기까지 말씀드렸을 때 그 권사님의 대꾸에 저는 다시 한번 놀랐습니다.

"교회 부흥이요? 왜 우리가 목사님을 위해 희생해야 하는데요?"

교회 부흥이 목사 개인의 비즈니스라고 생각하다니, 저는 정말 마음이 점점 더 무너져 내렸습니다.

'어떻게 이런 분이 속장님이신가? 그러니까 목회가 이렇게 힘

들지!'

아무리 그런 생각이 들었어도 어떻게 목사에게 그런 말을 하나 싶었는데 권사님의 다음 말은 더 충격적이었습니다.

"목사님, 저는 몇 천 명 몇 만 명이 모인다는 교회가 전혀 부럽지 않습니다. 얼마나 시달렸으면 교회가 그렇게 커졌을까 싶어서 그 교회 교인들이 불쌍합니다."

교인들이 목사에게 얼마나 시달렸으면 열심히 전도도 하고 심방도 해서 교회가 그렇게 커졌을까, 목사는 큰 차 타고 다니고 유명해지고 교인들만 불쌍하다고 생각한다는 분과 더는 대화할 수 없었습니다.

저는 밤잠을 이루지 못했습니다.

'정말 교인들이 이렇게 생각하는구나!'

목사가 열심히 목회하며 전도도 해야 하고 심방도 하셔야 된다고 그러면 교인들이 '그래, 맞아. 목사님 말씀대로 해야지' 이러는 게 아니라 '우리 목사님도 성공하고 싶어서 안달이 났구나. 유명한 목사 되고 싶어서 그러지' 정말 이렇게 생각하는 겁니까? 저는 주님 앞에 나아가 기도했습니다.

"주님, 저 목회 못하겠어요. 주님도 보셨잖아요? 주님이 다 아시잖아요? 이런 분이 속장이십니다. 제가 여기서 어떻게 목회를 합니까? 주님, 제가 열심히 제자훈련 받으라고 하고, 전도하자고 하고, 심방하라고 하는 것이 제 성공을 위한 것입니까? 주님을 위한 거잖아요? 주님이 말씀하신 거잖아요?"

저는 주님이 이런 저를 위로해주실 줄 알았습니다.

"그래, 알아. 내가 다 알지. 유 목사 너무 힘들지? 그렇지만 낙심하지 마."

이러실 줄 알았는데 주님이 아무 말씀이 없으셨습니다. 저는 점점 당황스러워졌습니다. 그리고 그날 밤에 제가 비로소 알았습니다. 그 권사님이 저를 정확하게 보았다는 것을….

'내 마음속에 교회가 크게 부흥되기를 원했고, 내가 목회 잘한다는 말을 듣고 싶고, 그런 내 마음의 이글거리는 욕망을 교인이 느끼는구나.'

정말 주님만 사랑해서 목회하는지, 자기가 목회 잘한다는 소리를 듣고 싶어서 하는지 교인들이 느끼고 정확히 안다는 것이 깨우쳐졌습니다. 그것은 제 자신에게 엄청난 변화였습니다. 그 권사님은 나중에 교회의 중직이 되셨습니다. 그 분이 인격적으로 성숙한 분이라고 말하지는 않겠습니다. 그렇지만 주님은 그를 통해서 제게 말씀하실 수 있었습니다. 또 그 권사님처럼 자기 성격대로 하는 분이 아니었다면, 그 정도로 강한 충격을 받지 않고서는 제가 좀처럼 저의 실상을 보지 못하기 때문에 그렇게 하셨다는 생각이 들었습니다.

마음 단장

"네가 나를 사랑하느냐?"

예수님께서 우리에게 물으십니다. 사랑하느냐 아니냐의 핵심은 "마음에 무엇이 가득하냐?"로 압니다. 우리가 밖에 나가려고 하면 기본적으로 머리를 다듬고 옷도 매만집니다. 왜냐하면 사람들이 보기 때문입니다. 우리는 얼마나 사람들을 의식하는지 모릅니다. 그런데 예배는 주님 앞에 드리는 거잖아요? 주님은 우리가 얼마나 머리를 잘 만지고 옷을 제대로 입고 나왔는지 보시는 분이 아닙니다. 주님은 우리의 마음을 보십니다.

내가 보는 것은 사람과 같지 아니하니 사람은 외모를 보거니와 나 여호와는 중심을 보느니라 하시더라 삼상 16:7

예수님은 우리의 마음을 보십니다. 그러면 우리의 마음에 무엇이 있느냐에 따라서 우리는 준비된 사람일 수도 있고 그렇지 않을 수도 있습니다. 우리가 겉보기에 멀쩡하게 하고 나왔는지 몰라도 주님이 보시기에 정말 기가 막힌 마음을 하고 예배의 자리에 나올 수도 있습니다.

그럼 우리가 주님 앞에 예배를 드리러 나올 때 사람 앞에 하는 것처럼 머리 만지고 옷 만지듯이, 우리의 마음을 만지지 않고 왜 그냥 나옵니까? 염려가 있고, 두려움이 있고, 낙심이 있고, 세상이 주는 악하고 더러운 생각, 도둑질하거나 간음하는 죄 된 생각, 마음의 미움과 다툼이 있고, 불평과 교만이 있는 그 상태 그대로 주님 앞에 나올 수 있나요?

사랑은 마음에 가득한 것

사랑은 마음입니다. 그래서 탐심을 가리켜 우상숭배라고 하는 것입니다.

탐심은 우상 숭배니라 골 3:5

그 마음에 욕심이 있는 것 자체가 이미 하나님이 보시기에 우상숭배입니다. 우리는 마음을 주님으로 온전히 채우는 것에 대해 너무나 모릅니다. 예수님을 사랑하는 것이 뭘 어떻게 하는 건지 정말 모릅니다. 내가 내 마음에 오직 주님만 생각하는 것, 내 마음이 온통 주님 생각으로 가득한 것입니다.

이따금 제 아내가 저에게 묻습니다.

"여보, 나 사랑해?"

저는 그 말이 정말 힘듭니다. 결혼해보십시오. 아내가 남편에게 자신을 사랑하는지 계속 물을 겁니다. 또 제 아내가 뭔가 문제라고 생각하니까 물었을 거라는 생각에 찔림이 있습니다. 제 마음의 문제입니다. 열심히 목회한다고 아내에게 마음으로 소홀했구나 싶으니까 아내에게 미안합니다.

사랑은 마음입니다. 마음에 항상 그 사람을 생각하는 것입니다. 연애하면 자꾸 그 사람이 떠오르고 어떻게 해서 즐겁게 해줄까, 어디서 만날까 늘 생각합니다. 그렇다고 공부도 안하고 잠도 안 자는 것이 아닙니다. 생활은 똑같이 하지만 마음의 주인이 언제나 그 사람인 것, 그것이 사랑하는 것입니다. 우리가 예수님과 그렇게 하고 있느냐는 것입니다.

주님밖에 없는 사랑

예수님이 베드로에게 나를 사랑하느냐고 물으셨습니다. 베드로는 곤혹스러웠습니다. 왜냐하면 베드로는 "모든 사람이 주님을 버릴지라도 저는 결코 주님을 버리지 않겠습니다"라고 했다가 예수님을 세 번이나 부인한 상황입니다. "주님을 사랑합니다"라고 담대하게 말할 입장이 못 됩니다. 그런데도 주님이 집요하게 물으십니다. 베드로는 "주님이 아시잖아요…" 이렇게 얼버무립니다.

베드로는 예수님을 세 번이나 부인한 뒤 예수님을 사랑한다고 말할 수 없어서 예수님을 떠났습니다. 예수님의 제자로 살아갈 수도 없어서 다시 물고기 잡으러 간다고 하고 떠나왔습니다. 하지만 그가 다시 고기잡이를 하면서 알았습니다. 그의 마음에서 도무지 예수님이 떠나지 않았고 아무리 고기를 잡아도 더 이상 마음이 기쁘지 않았습니다. '나는 예수님의 제자도 아니야' 그러고 돌아섰지만 도무지 마음을 잡을 수가 없었습니다. 너무나 힘들어 하고 있던 그때 주님이 그를 다시 만나주셨습니다. 그리고 베드로에게 물으십니다.

"네가 나를 사랑하느냐?"

베드로는 어떻게 대답해야 할지 몰랐습니다. 사랑한다고 말하기에 자신은 예수님을 세 번이나 부인한 자이고, 예수님을 사랑하지 않는다고 말하자니 베드로의 마음은 이미 예수님께 붙잡혀버렸기 때문입니다. 베드로가 어쩔 줄 몰라 한 대답이 지금 우리의 마음과 같습니다.

"내가 주님을 사랑하는 줄을 주님께서 아시나이다."

우리가 예수님을 사랑한다고 말할 때는 너무나 자격이 없어 보입니다. 주님이 다 아실 것 같습니다. 그렇지만 예수님을 사랑하지 않는다고 말하자니 그것도 아닙니다. 예수님을 떠나서는 이미 아무것도 할 수 없는 자가 되었습니다. 예수님을 떠나서는 다른 데 갈 데가 없는 사람이 되었습니다. 이미 우리 마음에 예수님의 사랑이 꽉 박혀버렸습니다.

미치도록 주님 한 분만 사랑하면 된다

예수님을 떠나서는 절대로 행복할 사람이 없습니다. 우리에게 예수님을 사랑하면서 사는 것 외에 길이 없습니다. 그럼 이제 어떻게 예수님을 사랑하면 되나요? 우리가 마음에 예수님을 분명히 영접하여 인생 전체가 바뀌는 것을 경험했으면 그 주님과 계속 교제하십시오. 사랑은 사랑해야 되겠다고 결심해서 되는 것이 아닙니다.

"이 사람을 사랑해야 되겠다!"

"내가 이 사람을 사랑하리라."

얼마나 어색합니까? 사랑은 오늘 한 번 결단으로 쭉 사랑하게 되는 것이 아니요 느껴지는 것입니다. 어떻게 그렇게 느껴집니까? 한 번 영접하는 것이 아니라 내 마음에 계속 예수님을 주인으로 모시고 사는 것입니다. 교회에서 예배를 드리거나 학교에서 공부를 하거나 직장에서 업무를 보거나 오고 가는 지하철이나 버스 안에서도 내 마음에 언제나 예수님만 모시고 살고 주님만 바라보고 이제부터 주님 앞에 온전히 설 때까지 주님의 마음을 품는 것입니다.

너희 안에 이 마음을 품으라 곧 그리스도 예수의 마음이니 빌 2:5

로렌스 형제가 《하나님의 임재연습》 중에서 "어떤 사람과 친해진 뒤에야 그 사람을 사랑할 수 있습니다. 그리고 어떤 사람과 친해지려면 그 사람을 자주 생각해야 합니다"라고 했습니다. 마찬가지입니다. 하나님을 사랑하려면 먼저 하나님을 자주 생각해야 합니다. 그렇게 하나님을 사랑하게 됐을 때 우리는 하나님을 더욱 자주 생각하게 될 것입니다. 우리가 귀히 여기는 것에 우리의 마음도 있는 법이기 때문입니다.

예수님을 믿는 데서 그치면 안 됩니다. 예수님을 계속 바라보아야 합니다. 주님을 계속 생각하십시오. 주님을 생각하고 주님을 사랑하는 것은 정말 간단합니다. 나의 생각과 마음에 계속해서 주님을 주인으로 왕으로 모시는 겁니다. 예수님을 사랑하는 사람만이 예수님을 자신의 삶의 주님으로 모시게 됩니다.

"내 마음에 왕이 계세요. 왕이 기뻐하지 않는 생각은 내 마음에 허락할 수 없습니다. 주님이 기뻐하지 않는 마음은 더 이상 품을 수 없습니다."

그러면 알게 됩니다. 어느 순간 내가 미치도록 예수님을 사랑하고 있다는 것을! 미치도록 주님만 사랑하면 됩니다. 그러면 된 거예요. 다른 어떤 것도 상관이 없습니다.

베드로가 주님께 물었습니다.

"요한은 어떻게 되겠습니까?"

"그것이 너와 무슨 상관이 있느냐? 너는 나를 따르라."

미치도록 주님만 사랑하면 됐지 다른 사람을 의식하거나 상관할 필요가 없습니다. 주님을 믿는 것은 주님을 사랑하는 것이어야 진짜입니다. 내가 주님을 사랑하는 순간부터 이제 진정한 주님과 나만의 관계가 시작됩니다.

LET'S PRAY 주 예수님, 이제 주님께서 우리의 마음을 온전히 사로잡으셔서 주님 떠나서는 살 수 없는 자가 되었습니다. 예수님께서 우리 마음에 사랑의 주님으로 오셨습니다. 주님 이제 저도 정말 사랑하는 자가 되기를 원합니다. 예수님, 내 마음의 주님이시며 저의 왕이십니다. 저를 다스리십시오. 제 마음을 다스리십시오. 그러면 충분하겠습니다. 예수 그리스도의 이름으로 간절히 기도하옵나이다. 아멘.

새 계명을 너희에게 주노니 서로 사랑하라 내가 너희를 사랑한 것같이 너희도 서로
사랑하라 너희가 서로 사랑하면 이로써 모든 사람이 너희가 내 제자인 줄 알리라
요 13:34,35

CHAPTER 07

예수님의 사랑으로 사랑하십니까?

 서울대학교 기독인연합회 개강예배에 초청되어 갔을 때 한 교수님의 이야기를 듣고 마음이 아팠습니다. 해마다 신입생들 중 예수 믿는 사람이 어느 정도인지 확인하는데, 예수 믿는 사람은 손을 들어보라고 하면 언제부터인가 주위를 둘러보고 옆 사람 눈치를 살피며 쭈뼛쭈뼛 어정쩡하게 손을 든다는 겁니다. 그럼 예수 안 믿는 사람, 손들어보라고 하면 거리낌이 없이 당당히 손을 든다는 것입니다. 예수 믿는 것을 드러내기 부끄러워하는 이런 현상이 지금 한국 기독 지성인들 사이의 분위기입니다.

 이런 현실을 뭐라 설명해야 할까요? 왜 이렇게 됐을까요? 예수를 믿으면 삶이 변하고, 예수를 믿으면 가정이 변하고, 사회와 나라도 변한다는 확신, 자신감이 없어졌습니다. 예수를 믿지만 나는 안 변했고, 예수를 믿어도 우리 집은 천국 같지 않고, 예수 믿는 교회 안에 늘 싸움이 일어나는 것을 보며 예수를 믿는다는 것에 대한 자신감, 복음에 대한 자신감을 잃어버렸습니다.

성숙한 인격, 사랑

그러나 한국 교회의 역사 또한 이제 적지 않습니다. 우리나라에 처음 복음이 전해질 때 저희 증조할머니께서 예수를 믿으셨습니다. 저는 3대째 목사이며 신앙인으로는 4대가 되고, 저희 자녀가 5대째 신앙인입니다. 이렇게 한국 교회의 기독교 역사가 흘러왔고 따라서 한국 교회가 성숙해져야 합니다.

6.25 전쟁 때 있었던 일이라고 합니다. 1.4후퇴 때 많은 피난민들과 군인들이 흥남 부두에서 배를 타고 북한을 탈출했습니다. 부산 부두에서도 부산도 안전하지 못할지 모른다고 해서 많은 사람들이 제주도로 가려고 부두로 몰렸습니다. 수송선에 그 많은 사람들을 태워야 하는데 도무지 질서 유지가 안 되니까 미군 헌병들이 곤봉으로 사람들을 마구 때리는 상황이 벌어졌습니다. 모두 그 배를 타야 산다는 생각뿐이었습니다. 그야말로 아비규환이었다고 합니다. 그중에 상당수의 기독교인들도 있었습니다.

많은 사람들이 그 배에 탔지만 거의 대부분은 타지 못했습니다.

그렇게 배가 부두를 떠나자 부두에서는 통곡이 터졌습니다. 그때 떠나가는 배에서 찬송소리가 들려왔습니다. 그 배에 탄 기독교인들이 이제 우리는 살았고 이것이 다 하나님의 은혜라고 감사해서 부르는 찬송이었습니다.

그때 그 상황을 이해할 수 있습니다. 아마 우리가 그 자리에 있었다면 우리도 그랬을지 모른다는 생각도 듭니다. 그것이 바로 60년 전 우리의 상황이었습니다. 그로부터 60년이라는 세월이 흘렀습니다. 과연 우리는 얼마나 더 성숙했고 똑같은 상황이 벌어졌을 때 기독교인들은 어떻게 행동할까요? 그동안 우리에게 많은 영적 부흥이 있었습니다. 성경 말씀을 많이 알았고, 제자훈련도 많이 받고, 많은 사람들이 하나님을 위해 살겠다고 합니다. 그렇지만 한국 사회가 인정할 만한 성숙함이 한국 교회에 없다는 것이 가장 심각한 문제가 되고 있습니다.

세상 모두 사랑 없어

'아이티'라는 나라를 위해 기도하는 중에 엄청난 충격을 받았습니다. 서반구 최빈국인 아이티는 프랑스로부터 독립했습니다. 그때, 나라 전체를 사탄에게 봉헌했다는 사실을 알게 되었습니다. 그들의 땅을 빼앗고 지배하던 프랑스 사람들은 자신들이 하나님의 백성이라고 늘 얘기했고 자기네들은 죽으면 천국 간다고 했고 무덤에도 십자가를 세우고 어느 마을에 들어가더라도 교회를 세웠습니다. 주일이면 가장 좋은 옷으로 갈아입고 교회에 가서 온 가족이 예배를 드리는 사람들이었습니다.

그렇지만 그 프랑스 사람들이 자신들에게 얼마나 악독하게 굴었는지 그들이 너무 미워서 그들이 그렇게 믿는다는 하나님을 저주하고 그 반대편에 있는 사탄에게 나라를 봉헌했다는 것입니다. 이런 기막힌 일이 어떻게 일어날 수 있습니까? 사랑이 없는 기독교는 이렇게 되는 것입니다. 아이티라는 나라가 그만큼 영적으로 매우 어려운 나라입니다. 아이티에 대지진이 일어났을 때 천벌을 받았다는 이야기도 나왔습니다. 그런데 그렇게만 말할 수 있는 입장이 아니라고 생각합니다. 그들이 그렇게 될 수밖에 없었던 이유가 예수를 믿는 사람들 안에 사랑을 찾아보기 어려웠기 때문입니다.

필립 얀시 목사님은 《놀라운 하나님의 은혜》라는 그의 책에서 한 친구 목사의 실화를 소개했습니다. 시카고의 한 창녀와 상담을 하는데, 이제는 늙어서 몸을 팔 수 없는 창녀가 나이 어린 딸을 변태성욕자에게 팔아 돈을 번다는 것이었습니다. 이 목사님은 곤혹스러워서 잠시 할 말을 잊었다가, "아니 왜 가까운 교회라도 가서

도움을 받아보실 생각을 해보지 않았습니까?"라고 물었습니다. 그러자 그 창녀가 갑자기 안색을 바꾸면서 말했습니다.

"교회요! 거긴 뭣하러 가요? 그렇잖아도 비참해 죽겠는데, 가면 그 사람들 때문에 더 비참해질 거예요."

이 창녀가 우리 교회에 온다면 어떻게 하시겠습니까? 거리낌 없이 우리 교회에 오시라고 하겠습니까? 한국 교회는 어떨까요? 그 여자를 더 비참하게 만들지 않을까요?

터툴리안(Tertullian)은 이렇게 전도했다고 합니다.

"여러분, 예수 믿는 사람처럼 그렇게 서로 사랑하는 사람을 보신 적 있습니까?"

그것이 전도였습니다. 기독교의 교리에 대해 인정하지 못하고 받아들이지 못해도 예수 믿는 사람들끼리 서로 사랑하는 것만큼은 다 알았고 그 점을 누구도 부인할 수 없었습니다. 예수 믿는다고 하면 '사랑하는 사람'이라고 불렀고 그것이 처음 교회의 모습이었습니다.

그런데 지금은 그렇게 말할 수 없게 되었습니다. 교회 안에서 교인들이 교인들을 무서워합니다. 교회 밖에 있는 사람들이 교인들을 싫어하는 것은 어쩔 수 없지만, 교인들이 교인들을 무서워하고 교인들의 말을 무서워합니다. 제가 교인들을 상담하다보면 다른 교인들에게 절대로 얘기하시면 안 된다고 하는 당부를 들을 때가 많습니다. 그래서 자기 문제를 솔직하게 드러내지 못합니다. 하지만 이런 교인은 없는 겁니다. 이것은 하나님의 계획에 있는 교회가 아닙니다.

사랑 없이 구원이 가능한가?

그런데 우리 한국 교회가 이 문제를 풀어내지 못합니다. 교회 안에서의 갈등, 교인들 사이의 갈등, 교단과 교단 사이의 문제가 쉽지 않습니다. 그럼 이런 문제의 원인이 무엇일까요? 그것은 우리가 구원받는 조건에 대하여 가르칠 때 문제가 있었다고 생각합니다. 우리는 구원받는 조건으로 믿음 외에 없다고 가르칩니다. 믿음은 필수입니다. 예수님이 나의 구주이시라고 믿기만 하면 됩니다. 믿음 하나만 있으면 됩니다. 여기에는 조금의 양보도 없습니다. 저는 이런 가르침이 잘못됐다고 생각하지 않습니다.

그런데 그렇게 강조하다보니 이상하게 흘러가고 있습니다. 구원받는 조건으로 믿음은 필수과목인데 사랑은 선택과목이라고 생각합니다. 누구도 그렇게 가르친 적이 없는데 사람들이 그렇게 받아들이고 있습니다.

"우리가 예수님을 믿기만 하면 구원받아."

"그럼 사랑은?"

"사랑은 하는 데까지 하는 거지 뭐!"

"그러다가 못하면?"

"하다 못하면 못하는 거지."

"그럼 천국은?"

"아니, 사랑 안했다고 천국에 못 가나? 천국은 예수 믿기만 하면 가는 거야. 그러니까 복음인 거야."

한국은 이런 식의 분위기입니다. 교인들끼리 싸워도 심각하지 않습니다. 교인들끼리 갈등이 생기고 서로 싸워도 밤에 잠 못 드는 그런 고통이 없습니다. 구원받는 데 문제가 없다고 생각합니다. 심지어 목사님들도 싸웁니다. 교인들이 싸우는 것은 하나님도 다 인정하신 줄 압니다. 그런데 정말 그럴까요?

우리가 천국에 갔을 때 어떤 일이 벌어질지 한 번 상상해보십시오. 천국 입구에서 천국에 들어갈 수 있는지 자격 심사가 벌어졌습니다. 마치 우리가 출입국 할 때 심사를 받는 것처럼 말입니다. 그런데 내가 분명히 천국 갈 믿음이 있는데 천국에 들어갈 수 있는 명단에 빠졌다면 진짜 심각한 일이지요? 분명히 믿으면 천국 간다고 그랬는데 천국 가는 명단에 없다고 하면 한국 교인 같으면 그냥 못 넘어갑니다. 천국으로 통하는 입구 접수처를 다 뒤집어엎습니다. 한국 사람 성질은 정말 못 말립니다.

베드로가 천국 입구가 소란스럽다는 이야기를 듣고 '아, 또 한국 교인 왔구나' 이러고 나와 봤습니다. 왜 문제가 됐는지는 뻔합니다. "약속이 이게 아니잖아요"라며 순순히 따르지 않는 사람을 보고 베드로 사도가 답답해서 물었습니다.

"네가 도대체 누군데 그러느냐?"

"네, 저는 보통 사람이 아닙니다. 제가 한국에서 장자 교단이라는 예장 통합 교단 목사입니다."

"그러면 당연히 들어오게 되겠구나. 명단 한 번 보자."

명단을 살펴본 베드로 사도가 말했습니다.

"분명히 그렇긴 한데, 교회에서 많이 싸웠네."

이런 질문을 예상하지 못한 사람이 당황했습니다.

"교회 안에서 싸우면 안 됩니까? 아니 베드로 사도, 제가 괜히 싸웠겠어요? 교회를 지켜야 되니까 싸운 겁니다. 아니 그 목사님들, 아시잖아요, 어떤 사람인지? 그런 사람들은 우리 교단에서 나가야 될 사람들이에요. 교인들이요, 아니 제가 그 교인들 때문에 얼마나 속 썩었는지 아세요? 그 사람은 교인도 아니라고요."

베드로 사도가 말했습니다.

"네 말은 충분히 이해하지만 그러나 문제는 그렇게 싸웠는데 천국에 들어와서 또 그렇게 하면 천국이 천국이 되겠느냐?"

"천국에 가서야 안 싸우지요! 정말 무슨 말씀을 그렇게 하세요? 아니 목회를 하다보니 싸울 일도 있었고, 목회를 잘하려고, 교회를 지키려고 하다보니까 또 교단의 여러 가지 문제 때문에 의견이 안 맞고 하다보니 좀 그러기는 했지만…. 아 천국에 들어가서야 안 싸우지 제가 어떻게 천국에 들어가서 싸우겠어요?"

"아니 집에서 새는 바가지가 나가서도 새는 거지, 교회에서 싸우면 천국에 와서도 싸우는 거야."

사랑과 구원 문제

우리가 착각하는 것이 천국 가서는 달라질 거라고 생각한다는 것입니다. 세상에서는 싸우기도 하고, 은근히 죄 짓기도 하지만 죽고 난 다음 천국에 가서는 그런 일이 없을 거라고 생각합니다. 그러나 언제 거듭납니까? 천국에 가서 거듭나나요? 우리는 예수를 믿으면 거듭납니다. 예수 믿고 거듭난다는 이야기는 여기서 벌써 천국의 삶을 살기 시작한다는 것입니다. 예수님이 나의 주님이 되시는 순간에 그는 이미 예수님의 다스림 속에 사는 것입니다. 여기서 천국의 삶을 사는 것입니다.

예수를 믿었는데 그에게 예수님의 다스림이 없다면 그 사람이 어떻게 천국에서는 예수님의 다스림을 받으며 산다는 보장이 있겠습니까? 이렇게 생각해야 맞습니다. 그러면 싸우는 일, 미운 사람이 생기는 것이 심각한 문제가 되고, 내가 정말 구원받은 자가 맞는지 자신의 구원 문제와 직결된 문제라는 것을 깨닫게 됩니다.

성경을 보면 믿음만을 구원의 조건이라고 하지 않으시는 것 같은 말씀을 찾아볼 수 있습니다.

> 나는 너희에게 이르노니 형제에게 노하는 자마다 심판을 받게 되고 형제를 대하여 라가라 하는 자는 공회에 잡혀가게 되고 미련한 놈이라 하는 자는 지옥 불에 들어가게 되리라 마 5:22

이것은 분명히 예수님이 하신 말씀입니다. 예수님은 형제 누구를 향해 미련한 놈이라고 말한 것만 가지고도 지옥 불에 들어가게 된다고 말씀하십니다. 그런데 우리는 '미련한 놈'이라는 정도는 욕이라고 생각하지도 않습니다.

"아휴, 쟤 좀 미련한 것 같지 않아."

이런 말도 죄라고 생각하지 않습니다. 그런데 이 말씀을 문자적으로만 해석하더라도 누구에게 미련하다는 말 한 번 한 것만 가지고도 지옥 불에 들어간다고 말씀하신 것입니다.

내가 진실로 진실로 너희에게 이르노니 내 말을 듣고 또 나 보내신 이를 믿는 자는 영생을 얻었고 심판에 이르지 아니하나니 사망에서 생명으로 옮겼느니라 요 5:24

요한 사도는 요한복음에서 분명히 우리가 예수님을 믿는 믿음으로 사망에서 생명으로 옮겼다고 했습니다.

우리는 형제를 사랑함으로 사망에서 옮겨 생명으로 들어간 줄을 알거니와 사랑하지 아니하는 자는 사망에 머물러 있느니라 그 형제를 미워하는 자마다 살인하는 자니 살인하는 자마다 영생이 그 속에 거하지 아니하는 것을 너희가 아는 바라 요일 3:14,15

그런데 이 말씀을 보면 믿음을 언급하지 않고도 형제를 미워했느냐 사랑했느냐로 우리의 구원 문제를 이야기하고 있습니다. 똑같은 표현을 썼습니다. 요한일서에서는 '믿음'을 '사랑'으로 바꾸었습니다. 그것이 무슨 의미일까요? 믿음이 곧 사랑이라는 뜻입니다.

이런 구절들이 우리를 매우 부담스럽게 합니다.

모든 사람과 더불어 화평함과 거룩함을 따르라 이것이 없이는
아무도 주를 보지 못하리라 히 12:14

믿으면 따라오는 행위

이렇게 우리는 믿음만은 아닐 거라는 뉘앙스를 풍기는 말씀을 성경 속에서 일관되게 찾아볼 수 있습니다. 그렇다면 믿음으로 구원받는다는 말은 충분하지 않은 것입니까? 아닙니다. 그것은 조금도 양보할 수 없는 구원의 조건입니다. 그러면 도대체 이렇게 헷갈리는 구절은 무슨 뜻입니까? 믿음을 어떻게 이해해야 합니까? 도대체 무엇이 믿음입니까?

그런 점에서 야고보 사도는 '죽은 믿음'이 있다고 말씀했습니다. 그럼 죽은 믿음과 산 믿음을 어떻게 구분합니까? 믿음이 살아 있는지 죽어 있는지 아는 것은 믿으면 당연히 따라오는 행위로 압니다. 사랑을 강조하는 것은 절대로 행위 구원이 아닙니다. 선행을 많이 해야 구원받는다는 의미가 절대로 아닙니다. 믿으니까 믿는 행동이 나오는 것입니다.

아브라함이 하나님께 백 세에 얻은 아들 이삭을 바친 것이 무슨 선행과 관련이 있습니까? 하나님은 아브라함이 하나님을 믿은 것, 믿고 그대로 행한 것을 의(義)로 여기신 것입니다. 기생 라합이 적

의 정탐꾼을 숨겨주었습니다. 자기 동족을 배신한 것입니다. 그게 무슨 선행입니까? 믿으니까 그렇게 행동하게 된 것입니다.

우리 조상 아브라함이 그 아들 이삭을 제단에 바칠 때에 행함으로 의롭다 하심을 받은 것이 아니냐… 또 이와 같이 기생 라합이 사자들을 접대하여 다른 길로 나가게 할 때에 행함으로 의롭다 하심을 받은 것이 아니냐 영혼 없는 몸이 죽은 것같이 행함이 없는 믿음은 죽은 것이니라 약 2:21,25,26

믿음은 단순히 믿음으로 끝나지 않습니다. 믿음은 반드시 행위를 가져오게 되어 있습니다. 사랑이 그와 같습니다. 예수님의 십자가의 구원을 정말 믿으면 반드시 따라오는 것이 원수도 용서하고 사랑하는 것입니다. 그것을 보고서야 그 사람이 진짜 믿는 것을 알 수 있습니다.

우리가 믿음과 선행을 따로 생각하기 쉽습니다. 믿었으니까 다 된 것이 아닙니다. 그것이 '죽은 믿음'일 수 있습니다.

누구든지 주의 이름을 부르는 자는 구원을 받으리라 롬 10:13

예수님을 "주여"라고 부르면 그는 생명을 얻은 자라고 말씀합니다. 또 예수님은 "나더러 주여 주여 하는 자마다 다 천국에 들어갈 것이 아니요 다만 하늘에 계신 내 아버지의 뜻대로 행하는 자라야 들어가리라"(마 7:21)고 하셨는데 이것은 모순이 아닙니다. 우리가 얼마나 죽은 믿음, 가짜 믿음을 가지고 내가 구원받았다고 스스로 안위하는지 모릅니다.

원수도 용서하게 되는 사랑

제가 아는 일본의 안경달 선교사님에 대한 이야기를 소개해드리고 싶습니다. 이분은 교장 선생님으로 계시다가 일본에 선교사로 가신 분입니다. 그에게는 일제시대에 형이 일본 사람들에게 맞아죽은 아픈 기억이 있었습니다. 그래서 그는 일본 사람에 대해 증오심을 가지고 있었고 그들을 결코 용서할 수 없다는 마음을 품고 있었습니다. 그런 그가 예수를 믿고 성령을 받고 영적인 눈이 열리게 되었습니다. 주님이 그에게 말씀하셨습니다.

"네가 나에게 지은 죄가 크냐? 일본 사람들이 너에게 지은 죄가 크냐?"

"제가 주님께 지은 죄가 크지요."

"그런데 나는 너를 용서하고 구원하려고 내 독자(獨子)를 십자가에 못 박아 죽이기까지 너에게 구원의 길을 열어주고 사랑하였는데, 너는 왜 일본 사람들을 용서할 수 없다고 하느냐?"

거기서 그가 고꾸라졌습니다. 그리고 평생 일본 사람들을 미워한 것을 속죄하는 마음으로 일본 선교사로 가셨습니다. 십자가의 은혜를 믿습니까? 그렇다면 원수도 용서하는 사랑을 베푸는 것이 당연한 결과입니다. 그래서 우리가 그가 믿는 것을 아는 것입니다. 십자가의 은혜를 믿는다고 하면서 같은 믿음의 형제들끼리 용서하지 못하고 서로 싸운다면 도대체 믿는 게 뭡니까?

얼마 전 손양원 목사님의 일대기를 다룬 창작 오페라를 보면서 손양원 목사님과 같은 분이 한국에 계셨다는 것이 정말 자랑스러웠습니다. 우리가 하나님 앞에 바로 서지 못했는데도 하나님께서 이 땅을 포기할 수 없는 이유가 손양원 목사님 같은 분이 계셨기 때문이구나 하는 생각이 들었습니다.

손양원 목사님은 자신의 아들 둘을 죽인 원수와 같은 자를 양아들로 삼으신 분입니다. 손양원 목사님의 따님인 손동희 권사님의 간증을 들어보니 중학생 때 아버지가 그 사람을 양자 삼겠다고 할 때 기절초풍하는 줄 알았답니다.

"아버지는 왜 그렇게 별나게 믿어야 되나요? 그 사람이 이제 내 오빠가 된다는 말입니까? 나는 도무지 용납할 수 없어요!"

그때 손양원 목사님이 울면서 말도 안 된다고 하는 딸을 설득하며 이렇게 이야기했습니다.

"내가 일제시대 5년간이나 가족을 고생시켜가며 감옥생활을 견딘 것도 우상숭배하지 말라는 주님의 계명을 어기지 않으려고 한 일이었다. 동희야, 제1계명, 제2계명이 하나님의 명령이라면 원수를 사랑하라는 말씀도 똑같은 하나님의 명령인데 어느 것은 순종하면서 어느 것은 순종하지 않는다면 그보다 더 큰 모순이 어디 있겠니? 원수를 사랑하라는 말씀에 순종하지 않으면 과거 5년 동안 감옥생활 한 것이 모두 다 헛수고요, 너희를 고생시킨 것도 헛고생이 되는 것이니 나는 여기서 넘어질 수가 없구나. 두 오빠는 천국 갔으나 그를 죽인 자는 지옥 갈 게 분명한데 전도하는 목사로서 그 사람이 지옥 가는 것을 어떻게 보고 있으란 말이냐."

손양원 목사님이 가졌던 이 마음이 비정상적입니까? 그렇지 않죠. 주님의 십자가를 진짜 알고 믿는다면 당연한 일이라는 것입니다. 믿음과 사랑은 같이 가는 것입니다. 절대로 분리되는 일이 아닌데 우리는 믿음이냐 사랑이냐 이렇게 쓸데없는 논쟁을 하고 있습니다.

새 계명을 너희에게 주노니 서로 사랑하라 내가 너희를 사랑한 것같이 너희도 서로 사랑하라 너희가 서로 사랑하면 이로써 모든 사람이 너희가 내 제자인 줄 알리라 요 13:34,35

예수 믿는 것을 사랑으로 분별하라고 말씀하십니다. 세상 사람들이 우리가 서로 사랑하는 것을 보고 우리가 예수님의 제자인지 아닌지 판정한다고 하십니다. 따라서 우리 마음에 정말 원수도 사랑할 그 사랑이 가슴에 절절하지 않다면 그것은 심각한 문제입니다. 이 문제의 심각성이 어느 정도인가 하면, 예수님이 나의 구주시라는 것이 믿어지지 않는 것과 같습니다. 마치 예수님이 십자가에 달려 죽으신 것이 나의 죄를 사하기 위함이며 나에게 영생을 주기 위한 길이라는 것이 믿어지지 않는 것과 같은 문제입니다.

그런데도 용서할 수 없고 사랑할 수 없다면 그것이 어떻게 쉽게 넘어갈 문제이겠습니까? 예수님으로 인해 구원받았다는 믿음이 내게 있는지 돌아볼 문제입니다. 용서할 수 없고 사랑할 수 없다면 이 문제를 절대 작게 여기지 마십시오.

나는 1만 달란트 탕감 받은 자

예수님께서 매우 심각한 비유를 말씀하셨습니다. 마태복음 18장 21절에서 35절에, 임금이 1만 달란트 빚진 자의 빚을 탕감해주었는데 그가 자신에게 1백 데나리온 빚진 자를 용서하지 않는 바람에 그 탕감해준 것이 취소되었다는 이야기입니다. 종이 주인에게 탕감받은 1만 달란트란 약 5조 원이나 되는 엄청난 돈입니다. 이것은 국가 간에나 빚질 법한 정도의 규모이지 한 개인이 질 수 있는 빚의 규모가 아닙니다. 그러면 예수님이 이렇게 말도 안 되는 비유를 하시는 이유가 무엇입니까? 우리가 용서 받은 것이 얼마나 놀라운 은혜인가를 말씀하려는 것입니다.

그렇게 큰 은혜를 받은 종이 자신에게 1백 데나리온 빚진 동료를 어떻게 용서하지 않을 수 있는지 저는 처음에 이 비유를 잘 이해할 수 없었습니다. 저는 이렇게 생각합니다. 틀림없이 1만 달란트 빚 진 자가 빚을 탕감받고 나서 집으로 돌아와 온 가족들을 불러 모으고 임금님이 계신 왕궁을 바라보며 다 절했을 겁니다. 그 은혜를 무엇으로 갚을지 얼마나 감격스러웠을지 그는 아마 날마다 그랬을 거라고 생각합니다. 그때 그가 자신에게 1백 데나리온 빚진 자를 만났다면 그를 얼마든지 용서해줬을 것입니다.

"아, 괜찮습니다. 나는 1만 달란트나 탕감받았습니다."

저는 틀림없이 그랬으리라 생각합니다. 그런데 예수님의 비유에는 탕감받은 종이 1백 데나리온 빚진 자를 용서하지 않았다고 나옵니다. 그렇지만 1만 달란트를 탕감받은 다음날이나 그 다음

날 바로 1백 데나리온 빚진 자를 용서하지 않은 것은 아닐 거라고 생각합니다.

아마 1년쯤 지난 어느 날 자신에게 1백 데나리온 빚진 자를 만났을 때 '어, 이 사람 봐라? 빚도 안 갚네…. 아니야, 난 1만 달란트 탕감받았잖아!' 하고 그냥 넘어갔을지 모릅니다. 5년쯤 지났을 때 1백 데나리온 빚진 자를 만나면 상당히 화가 났을 것입니다. 하지만 10년이 지나고 30년의 세월이 흐르면서 자신이 탕감받은 은혜를 잘 간직하지 못하고 잊어버린다면, 자신이 받은 놀라운 구원과 십자가를 다른 사람에게 고스란히 적용하지 못한다면 우리도 자신에게 빚 진 자를 용서하지 못하는 사람이 될 수 있다는 것입니다.

예수님이 십자가에서 어떤 고통을 당하셨고 내가 어떤 사랑을 받았는지 듣고 믿은 것만 가지고는 곧바로 사랑의 사람이 될 수 있다는 보장이 없습니다. 한 사형수가 있는데 그가 전적으로 사면(赦免)을 받았습니다. 다른 사람이 그를 대신해서 죽었습니다. 이런 일을 경험했다면 그 사형수는 정말 감격했을 것입니다. 하지만 그런 은혜를 받았고 안다고 해서 그 사형수가 스스로 사랑의 사람이 되는 것은 아닙니다.

처음 예수를 믿고 십자가의 은혜를 깨달았을 때, 소위 불 받았다고 할 때는 흔들리는 나뭇가지도 하나님을 찬양하는 것 같고, 풀들도 사랑스럽고, 만나는 사람들이 모두 다 사랑스러운 경험을 합니다. 그러나 문제는 그런 은혜를 경험한 지 1년이 지나고 10년이 흐르고, 그런 은혜를 받았던 감격은 어느덧 사라지고 다시 짜증나고 화나고 사람들이 밉고 그렇게 바뀌어 간다는 것입니다.

지금도 함께 있는 예수 십자가

이 비유는 자신이 받은 십자가의 은혜를 다른 사람에게 그대로 적용시키지 않으면 그가 받은 십자가의 은혜 또한 취소된다는 것을 말씀합니다. 그러면 어떻게 십자가의 은혜를 언제나 지금 경험한 것처럼 그렇게 누리며 살 수 있을까요? 예수님과 함께 있는 믿음의 눈이 열리면 가능합니다. 나를 위해 죽으신 그 예수님이 나와 함께 계신 것을 지금 내가 안다면 나에게 십자가의 사건은 항상 현재적인 사건이 됩니다. 나를 위해 죽으신 주님이 나와 함께 계십니다. 그렇지만 예수님의 십자가를 하나의 교리적인 복음으로 이해한다면, 나 자신이 정말 사랑으로 사는 사람으로 변화되기란 어렵습니다. 예수님과의 인격적인 관계만이 우리를 사랑의 사람으로 변화시킵니다.

나에게 십자가의 은혜는 10년 전에 받은 은혜가 아니고 5년 전에 받은 은혜도 아니고 날마다 내게 주시는 은혜입니다. 사도 바울에게 십자가는 날마다 있었고 그래서 날마다 죽노라고 한 것입니다. 그 말은 예수님이 자신과 항상 함께 계신다는 것이고 그때만이 주님의 십자가의 은혜가 우리의 삶에 사랑으로 흘러듭니다. 절대로 우리 힘으로 사랑할 수 없습니다. 그럴 수 있다면 주님이 십자가에 죽으실 이유가 없었습니다. 그냥 사랑하도록 하라고, 노력해서 사랑을 이루라고 하면 됩니다.

예수님이 십자가에서 죽으시고 그것을 보여주셨다고 해서 우리가 사랑하는 사람으로 바뀌는 것도 아닙니다. 은혜는 감격스럽지만 여전히 화도 나고 성질도 납니다. 주님의 십자가만 바라보면서 다른 사람을 용서하고 사랑하는 데는 한계가 있습니다. 예수님이 정말 나와 함께 계시고 내 주님이 되시고 내 생명이 되시는 경우에만 비로소 십자가의 사랑이 나를 통해 흘러가는 것입니다.

"그럼 용서가 안 되고 사랑이 안 되는데 어떡합니까?"

당연한 일입니다. 용서도 사랑도 내 힘으로 하려니까 안 되는 겁니다.

"그러면 어떻게 사랑합니까?"

예수님의 사랑으로 사랑하는 것입니다. 예수님의 사랑으로 사랑하려면 십자가의 복음이 분명해야 합니다. 나는 죽고 예수로 사는 것, 예수님이 내 생명이 되시면 사랑 못 할 사람, 용서 안 되는 사람이 있을 수 없습니다. 어떤 사람이 용서가 안 되고 사랑이 안 되면, "나는 죽었습니다"라고 고백하고, '나의 죽음'을 받아들이는 것밖에 다른 길이 없습니다. 그때 예수님께서 나를 통해 그를 사랑하실 수 있게 되고, 그래서 나는 주님이 나를 통해 사랑하시는 것을 보게 됩니다. 우리는 주님이 하시는 것을 보는 것입니다.

사랑할 수 있는 생명과 능력

저는 어머니에게도 사랑을 고백하지 못한 죄가 있습니다. 저는 사랑은 말로 하는 게 아니라 마음으로 하는 거라고 생각했습니다. 어머니가 일찍 돌아가시고 어머니 빈소에서 어머니가 생전에 하셨다는 말씀을 들었을 때 저는 많이 울었습니다.

"맏이는 속은 어떤지 모르겠는데 표현이 너무 없다."

마음으로 사랑하면 표현을 좀 못했더라도 어머니가 아실 줄 알았습니다. 나는 어머니를 속 깊이 사랑했는데 어머니는 제 마음을 모르셨다니 저는 얼마나 회한의 눈물을 흘렸는지 모릅니다.

이따금 아내는 저에게 자신을 사랑하는지 묻습니다. 저는 부산에서 자랐습니다. 부산 사람이나 경상도 사람들은 아내에게 사랑한다고 고백하는 것은 죽을 때나 하는 말인 줄 알 만큼 사랑 표현이 서툴고 부족합니다. 저 역시 그랬습니다. 그런데 어느 가정주일에 사랑한다고 표현해야 한다는 설교를 준비한 저는 그 설교를 하기에 앞서 아내에게 사랑을 고백해야겠다고 결심했습니다. 그리고 정말이지 어렵게 고백을 했습니다. 아내에게 사랑한다고 고백하는 것은 남자에게는 능력을 받아야 가능한 일이었습니다.

"여보, 사랑해."

고백을 들은 아내의 눈에 눈물이 맺혔고 그렇게 고백해줘서 고맙다는 말이 돌아왔습니다.

저는 제 딸에게도 너무 미안한 아빠입니다. 큰아이가 중학교 1학년 때 제게 다른 교회에 가면 안 되겠느냐고 물었습니다. 담임목사의 딸이 다른 교회에 가면 됩니까, 안 됩니까? 저는 정말 화가 났지만 무언가 힘든 일이 있는 것 같은데 야단만 쳐서는 안 되겠다 생각하고 그 이유를 물었습니다. 그런데 딸의 이야기가 아빠가 무섭다는 것입니다. 그러면서 초등학교 1학년 때 맞았던 얘기를 합니다. 그러고 보니 제가 그 아이의 버릇을 가르쳐야 되겠다고 생각하고 그 아이에게 빗자루를 들어 때린 적이 있는데, 아이에게는 화가 나서 매를 든 아버지의 얼굴이 가슴에 콱 박혔던 모양입니다. 아빠에게 받은 마음의 상처로 아빠 없는 곳에서 보내고 싶다는 딸아이 앞에서 저는 울었습니다. 아버지가 딸에게 잘못했다고 용서를 구하는 것이 쉽지 않았지만 잘못하면 아이를 잃어버릴 지경이었습니다.

"아빠를 용서해줘. 그때는 아빠가 네 버릇을 가르치려고 의도적으로 더 화를 낸 거 같아. 네가 얼마나 충격을 받았고 이해가 안 됐을지 헤아리지 못하고 그 뒤 네 마음도 풀어주지 못해 네 마음에 깊은 상처를 남겼구나. 네가 아빠를 용서한다고 말해주면 너의 마음도 풀리고 아빠도 풀어질 것 같은데, 아빠를 용서해줄래?"

딸아이는 닭똥 같은 눈물만 뚝뚝 흘리며 가만히 있었습니다. 그리고 몇 분 뒤 제 목을 끌어안고 말했습니다.

"아빠, 용서할게요."

우리는 같이 많이 울었습니다. 어머니도 아내도 딸도 다 저에게 정말 소중한 존재들인데 그들조차 사랑하고 사랑을 주고 살기 어렵습니다. 그만큼 우리는 근본적으로 찌들을 대로 찌든 병든 자아를 가지고 살아갑니다.

저 역시 어릴 때는 표현하지 않는 것이 착한 아이인 줄 알고 그렇게 눌린 마음으로 자랐기 때문에 사랑한다는 표현이 너무 어렵습니다. 하지만 그것이 사랑하는 사람을 더 힘들게 합니다.

생명을 주신 사랑으로

하나님이 만일 우리에게 그냥 용서하고 그냥 사랑하라고 하셨다면 그것은 우리에게 질 수 없는 무거운 짐이 되었을 것입니다. 그런데 주님은 그렇게 하지 않으셨습니다. 우리에게 복음을 주시며 용서하고 사랑하라고 하셨습니다. 우리의 병들고 찌든 자아는 이미 예수님이 십자가에 죽으실 때 처리해주시고 우리에게는 예수님의 생명을 부어주셨습니다.

이제 우리는 예수님의 생명으로 사는 자, 예수님을 진짜 믿고 사는 자입니다. 예수님이 내 생명이라는 사실을 내가 진짜 믿음으로 취하고 입으로 고백하면 그 말씀이 우리에게 그대로 이루어집니다. 그것은 우리가 도저히 용서할 수 없는 사람, 도저히 사랑할 수 없는 사람을 만날 때 알게 됩니다. 용서하고 사랑하는 것은 결코 힘든 것이 아닙니다. 희생이나 손해가 아닙니다. 무거운 짐이 아닙니다. 정말 놀라운 축복이자 행복입니다.

하나님은 우리에게 말씀하셨습니다.

수고하고 무거운 짐 진 자들아 다 내게로 오라 내가 너희를 쉬게 하리라 마 11:28

수고하고 무거운 짐을 다 내려놓고 염려하지 마십시오. 무엇을 먹을까 무엇을 입을까 염려하지 마십시오. 우리가 예수님의 생명으로 살면 더 이상 걱정하지 않아도 됩니다. 예수님이 우리의 주님이십니다. 걱정하니까 문제가 되는 겁니다. 예수님이 주님이시기 때문에 우리가 먹고 사는 것이 다 주님의 책임입니다. 먹고는 살아야 하고 아이들 학비도 있어야 하고, 이런 조건을 붙이는 것 자체가 주님을 더 힘들게 하는 것입니다.

완전히 믿으셔도 되고 지금 믿고 행복해 하셔도 됩니다. 우리가 이미 예수님 안에 죽었고 예수님이 우리 안에 사시잖아요. 아무것도 염려하지 말고 다 맡기셔도 됩니다. 오직 한 가지 계명만 지키면 됩니다. 바로 사랑하기만 하면 됩니다.

상처와 쓴 뿌리를 들고 십자가로 나아가라

제가 북경 코스타에서 한 자매를 만났는데, 하나님께서 아버지를 용서하고, 가서 아버지를 미워했던 죄를 회개하고, 아버지께 사랑한다고 고백하라고 말씀하신 것 때문에 저에게 상담을 하러 온 자매였습니다. 그 자매는 아버지가 어릴 때 엄마를 내쫓고 딴 여자를 엄마로 맞아들여 새엄마 밑에서 자랐습니다. 엄마는 그 충격으로 돌아가시고 그 일을 겪은 자매는 그 집에서 사는 것이 지옥과 같았다고 합니다. 그래서 고등학교를 졸업하자마자 집을 나왔고 지금은 북경 대학원에서 박사 과정을 밟고 있는 대단한 자매였습니다. 그런데 갑자기 아버지를 미워한 죄를 회개하고 아버지에게 가서 직접 사랑한다고 말하라니, 자매는 저에게 따지듯이 물었습니다.

"목사님, 제가 왜 그래야 되나요? 하나님께서 왜 나를 이렇게 힘들게 하시나요? 아버지가 나한테 잘못했다고 그래야 되잖아요?"

그런데 그때 하나님께서 저에게 그 자매에 대한 지식을 주셨습니다. 그것은 정말 신비한 일이었습니다.

"하나님께서 앞으로 자매에게 결혼할 짝을 주실 모양입니다. 사랑할 사람을 주실 모양입니다. 그러나 자매님은 그 형제와 사랑할 준비가 안 되어 있습니다. 사랑하는 사람에 대한 깊은 배신감 때문에 그 남자를 끊임없이 의심하고 그래서 두 사람은 불행하게 살 수밖에 없는 그런 마음을 가지고 있어요.

비록 아버지가 잘못했지만 그로부터 받은 상처와 쓴 뿌리는 다시 사랑하는 사람에게 가게 됩니다. 하나님은 자매가 아버지 때문에 맺게 된 그 쓴 뿌리를 고쳐주기 원하십니다. 그래서 아버지와 맺은 그 원한 관계, 마음의 쓴 뿌리와 상처를 십자가로 해결하라고 하시는 것입니다."

자매는 펑펑 울었습니다. 사랑만 하면서 살 수 있게 되는 것은 축복이지 절대로 무거운 짐이 아닙니다.

사랑만 하고 사는 축복

제가 담임하고 있는 교회는 부채가 많습니다. 예배당은 다 완공되었지만 엄청난 부채가 남아 지난 2006년 10월에 부도 위기가 찾아왔습니다. 미국에서 집회를 인도한 뒤 돌아오는 비행기 안에서 저에게 심장 쇼크가 왔습니다. 부도 위기에 있는 교회로 다시 돌아간다는 생각이 엄청난 스트레스로 몰려온 것입니다.

이런 위기가 닥칠 때마다, 제가 풀 수 없는 문제를 만났을 때, 제게 주신 하나님의 열쇠는 "나는 죽었습니다"라는 고백입니다.

"나는 죽었습니다. 주님, 선한목자교회 담임목사는 예수님이십니다. 예수님이 교회의 모든 부채를 해결하시고, 교회를 정상화시켜주시고 모두 다 주님이 하시는 겁니다. 제가 아닙니다. 저는 이미 죽었습니다."

죽었다는 몇 번의 고백과 함께 마음이 진정되었고 가슴의 통증이 떠나갔습니다. 그리고 제 안에 이런 믿음이 왔습니다. 예수님이 부채 문제도 책임져주시고 교회 부흥도 일으켜주실 것이 믿어졌습니다. 그러면 담임목사는 뭐해야 합니까?

"주님, 제가 뭐해야 합니까?"

그때 하나님께서 즉각 제 마음에 답을 주셨습니다. 사랑하는 겁니다. 그 말씀을 듣자마자 사랑만 하며 살면 된다는 것이 너무 감사해서 비행기 앞좌석을 붙잡고 많이 울었습니다.

'나는 이제부터 주님이 오라고 부르실 때까지 그냥 사랑만 하며 살 거야. 내가 만나는 사람 누구든, 그 사람이 어떤 사람인지 생각하지 않을 거야. 그 사람은 오직 내가 사랑해줄 사람이야.'

나를 사랑하셔서 내 마음에 오신 분, 내 마음에 사시는 분, 예수님은 나를 통해 모든 사람을 사랑하기 원하십니다. 우리가 사랑만 하면 다른 것은 주님이 다 하십니다. 하나님의 나라, 주님의 제자가 누구입니까? 아무것도 염려하지 않고 사랑만 하며 사는 축복이 주어진 것을 아는 사람입니다. 사랑이야말로 우리가 예수를 제대로 믿는지 확인해볼 수 있는 척도입니다. 우리는 사랑만 하십시다. 그렇게 되기를 축복합니다.

LET'S PRAY 은혜와 사랑이 충만하신 아버지, 감사합니다. 우리 안에 모든 근심과 염려를 십자가에 못 박고, 이제는 사랑만 하며 사는 놀라운 축복을 누리고 살게 해주옵소서. 예수님께서 우리와 한 몸이 되어주신 것처럼, 우리 안에 오셔서 우리의 생명이 되신 것처럼 이제는 우리를 통해 주님이 수많은 사람들에게로 가시기를 원합니다. 주님의 사랑을 흘려보내기를 원합니다. 감사합니다, 주님. 사랑합니다, 주님. 예수 그리스도의 이름으로 간절히 기도하옵나이다. 아멘.

네가 나를 사랑하느냐 (보급판)

초판 1쇄 발행	2012년 10월 31일
초판 14쇄 발행	2021년 4월 30일

지은이	유기성
펴낸이	여진구
책임편집	안수경
편집	이영주 정선경 최현수 최은정 김아진 정아혜
디자인	마영애 노지현 조아라 조은혜
기획·홍보	김영하
마케팅	김상순 강성민 허병용
제작	조영석 정도봉
해외저작권	기은혜
마케팅지원	최영배 정나영
경영지원	김혜경 김경희

303비전성경암송학교 유니게과정　박정숙 최경식
이슬비전도학교 / 303비전성경암송학교 / 303비전꿈나무장학회　여운학

펴낸곳　규장

주소　06770 서울시 서초구 매헌로 16길 20(양재2동) 규장선교센터
전화　02)578-0003　팩스　02)578-7332
이메일　kyujang0691@gmail.com
홈페이지　www.kyujang.com
페이스북　facebook.com/kyujangbook
인스타그램　instagram.com/kyujang_com
카카오스토리　story.kakao.com/kyujangbook
등록일　1978.8.14. 제1-22

ⓒ 저자와의 협약 아래 인지는 생략되었습니다.
이 출판물은 저작권법에 의해 보호를 받는 저작물이므로 무단 전재와 무단 복제를 할 수 없습니다.

책값　뒤표지에 있습니다.
ISBN 978-89-6097-285-8　03230

규 | 장 | 수 | 칙

1. 기도로 기획하고 기도로 제작한다.
2. 오직 그리스도의 성품을 사모하는 독자가 원하고 필요로 하는 책만을 출판한다.
3. 한 활자 한 문장에 온 정성을 쏟는다.
4. 성실과 정확을 생명으로 삼고 일한다.
5. 긍정적이며 적극적인 신앙과 신행일치에의 안내자의 사명을 다한다.
6. 충고와 조언을 항상 감사로 경청한다.
7. 지상목표는 문서선교에 있다.

하나님을 사랑하는 자 곧 그의 뜻대로 부르심을 입은 자들에게는 모든 것이 合力하여 善을 이루느니라(롬 8:28)

 Member of the
Evangelical Christian
Publishers Association

규장은 문서를 통해 복음전파와 신앙교육에 주력하는 국제적 출판사들의 협의체인 복음주의출판협회(E.C.P.A:Evangelical Christian Publishers Association)의 출판정신에 동참하는 회원(Associate Member)입니다.